Ayrton Senna da Silva

* 21. März 1960 in São Paulo (Brasilien)
† 1. Mai 1994 in Bologna (Italien), 34 Jahre

Eltern	Milton da Silva Neide geb. Senna
Geschwister	Leonardo, Kaufmann Viviane, Psychologin
Familienstand	Geschieden (Ehe mit Liliane, 1981-1982)
Größe/Gewicht	1,75 Meter, 70 kg
Ausbildung	Abitur Studium Betriebswirtschaft
Karriere	1981 Formel Ford 1600 1982 Formel Ford 2000 1983 Formel 3 ab 1984 Formel 1
Formel 1	161 Starts 65 Pole-Positions 41 Siege 615 GP-Punkte Weltmeister 1988, 1990, 1991 Vize-Weltmeister 1989, 1993

Er mochte:

Sein Hobby	Modellflugzeuge
Freizeitsport	Jet-Ski, Wasserski, Tennis, Joggen
Lieblingsessen	Typisch brasilianische Gerichte, Früchte
Lieblingsgetränk	Guarana

Seine Unterschrift

ZEITGEIST VERLAGSPRODUKTION

Düsseldorfer Str. 49, 40545 Düsseldorf
Tel. 0211/556255 Fax 0211/575167

Produziert in Kooperation mit
RTL Television
für
MOTORBUCH VERLAG
Stuttgart

Motor buch Verlag

Herausgegeben von Willy Knupp

Konzept und Redaktion
Hubert Bücken

Autoren
Achim Schlang (AS)
Helmut Zwickl (HZ)
Hermann J. Müller
Christoph Schulte
Burkhard Nuppeney
Guido Stalman
Hartmut Lehbrink
Albert Escher (AE)
Mario-Alberto Bauér
Hubert Bücken (HB)

Fotos
Agence Temp Sport 126
ATP Titel o, Rücktitel (2 o), 2, 8, 47, 55, 62, 94, 96, 103 o, 138, 147 u
Autosport photographic, 23 u, 27
Mario-Alberto Bauér 141, 146 (2), 147 o
Willy Bister 29
dpa 134 u
Lukas T. Gorys Titel u, Rücktitel (4 u), 4, 10, 12, 14, 32, 34 (3), 35, 40, 42 (2), 43 (2), 44 (2), 48 o, 50, 51, 52, 54, 58, 60, 64, 65 (2), 66, 67, 68, 70, 74, 76, 79, 80 (2), 81 (2), 82, 83 (2), 84 (2), 86, 88, 91 (2), 92 u, 95, 97 (2), 98, 100 (3), 101, 103 u, 104, 105 (2), 106 o, 110 (2), 112, 113, 114 u, 115, 117, 118, 119 (2), 120, 122 (2), 123, 128, 130 (3, ur), 131 (7, or, u), 134 o, 137, 140, 143, 148, 150, 152, 154, 155, 165 u, 157, 160
IPA 144
Koike 92 o
Ferdi Kräling 72, 114 o
PS Hoffmeister 108
Antonio Ribeiro 127
RTL Television 121 (3)
Andrea Schaller 7, 136, 158
Sutton photographic 16, 18, 20, 21, 22 o, 23 o, 25, 26, 30, 31, 48 u, 53, 77, 106 u, 125, 130 (2, l, or), 131 (2 ol), 156 o

Produktion
Jörg Beckmann
Jörg Martin
Frank Wiedemeier

Titelgestaltung
Frank Wiedemeier

Gesamtherstellung
Publishing Partner Bochum

Druck
Mohndruck

Printed in Germany 1994 **

ISBN 3-613-01641-9

Mit dem Lotus (Foto) kam Ayrton Senna auf die Erfolgspiste. Mit McLaren holte er die drei Weltmeistertitel. Williams wurde ihm zum Schicksal.

Leben am Limit

Liebe Leser!

Die Trauer ist groß, und immer noch erscheint es manchmal wie ein böser Traum, aus dem man aufwachen möchte.

Aber Ayrton ist tot. Er starb an einem Wochenende, an dem wir alle schockartig daran erinnert wurden, mit welchem Risiko wir im Motorsport leben. Roland Ratzenberger war der erste Formel-1-Tote seit vielen Jahren, und Ayrton war mehr betroffen, als die vielen jungen Kollegen, die in jüngster Zeit einen Generationswechsel in der Formel 1 eingeleitet haben. Ayrton war einer der letzten aus meiner aktiven Zeit, der einzige mit einem Weltmeistertitel, und derjenige mit der größten Erfahrung. Nur Michele Alboreto hat ein paar Starts mehr absolviert.

Ayrton hat sich Rolands Unfallstelle lange angeschaut, er wurde dafür sogar von einigen Funktionären kritisiert. Über eines bin ich mir ganz sicher: Er hat in diesen Stunden nicht darüber nachgedacht, ob er mit dem Rennen aufhören soll. Sondern, wie die Rennstrecken und die Autos sicherer gemacht werden können. Denn Ayrton war sich des eingegangenen Risikos stets bewußt - und immer ein Fürsprecher von Sicherheitsmaßnahmen.

Es hat in der Formel-1-Geschichte zahlreiche Weltmeister gegeben. Ayrton Senna war in den letzten Jahrzehnten derjenige, der die Titel mit der größten Berechtigung bekommen hat. Er war der absolut Beste. Einer, der mit unterlegenem Material immer noch besser war, als alle anderen. Bei Regen konnte ihn keiner schlagen.

Der Motorsport lebt von neuen Techniken. Viele haben Probleme, sich auf neue Dinge einzustellen. Ayrton beschäftigte sich intensiv damit, bis er sie verinnerlicht hatte. Er wurde mit neuen Dingen rascher und besser fertig als andere. Wenn es sein mußte, war er mit seinen Ingenieuren Tag und Nacht zusammen, um das Optimale für sich und das Team und den Sport zu erreichen.

Nach oben zu kommen, ist im Motorsport verhältnismäßig leicht. Aber an der Spitze zu bleiben, über Jahre hinweg, dazu braucht man eine ungeheure Kraft, sich selber und sein Team immer wieder zu motivieren. Ich habe Ayrton als einen harten Fighter erlebt, der sich nichts geschenkt hat, der nie aufgab.

Ayrton Sennas Tod - das ist ein unfaßbarer Verlust für die Formel 1 und für alle, die Ayrton gekannt und gemocht haben. Ich habe einen Freund verloren. Einen intelligenten Gesprächspartner, einen Menschen, der sich Gedanken über Gott und die Welt machte. Und einen Mitkämpfer für mehr Sicherheit in einem Sport, der nicht nur eine Handvoll Rennfahrer fasziniert, sondern Milliarden Menschen rund um die Welt.

Wir alle werden noch lange um Ayrton Senna trauern.

Herzlichst
Ihr

Niki Lauda

Als Ayrton Senna in die Formel 1 kam, war Niki Lauda der große Titelfavorit. Er wurde 1984 zum drittenmal Weltmeister. Im Jahr danach beendete er seine Fahrer-Karriere. Seit 1992 ist Lauda Berater des Formel-1-Teams Ferrari. Er befürwortet seit Jahren eine stärkere Mitbestimmung der Fahrer in Fragen der Sicherheit. Auf gemeinsame Initiative von ihm und Ayrton Senna ging die Gründung einer Fahrergewerkschaft zurück. Sie tagte erstmals 12 Tage nach Ayrton Sennas Tod...

Der Williams ist sein Traumauto. Endlose Gespräche führt Ayrton Senna Anfang 1994 mit den Technike

s erfolgreichsten Stalls der letzten beiden Jahre. Aber er holt nicht einen Punkt für sein neues Team.

Sieg, Sieg und eine neue Weltmeisterkrone! Nach furiosem Finale entreißt Senna in Suzuka Mansell d

zte Titelchance für 1991. Es ist Sennas dritter WM-Titel, Nigel Mansell muß noch ein Jahr warten.

Eine neue Liebe, ein neues Team, ein neuer Titel: Ayrton Senna war für 1994 voller Hoffnung. Im Somm

993 hatte er in Ungarn die Brasilianerin Adriana Gallisteu offiziell als neue Lebenspartnerin vorgestellt.

Freunde fürs Leben, über den Tod hinaus: Gerhard Berger wurde oft als „Sennas größter Fan" bezeichnet. Berger war nur ein halbes Jahr älter, sie begannen am selben Tag in der Formel 1, und sie fuhren von 1990 bis 1992 gemeinsam im McLaren-Team. Aber Berger wurden seine Grenzen gezeigt: In drei Jahren drei Siege gegen 16 Senna-Siege. Foto: In Spa versprühten sie 1990 vereint den Champus. Senna als Sieger, Berger als Dritter. Prost war Zweiter.

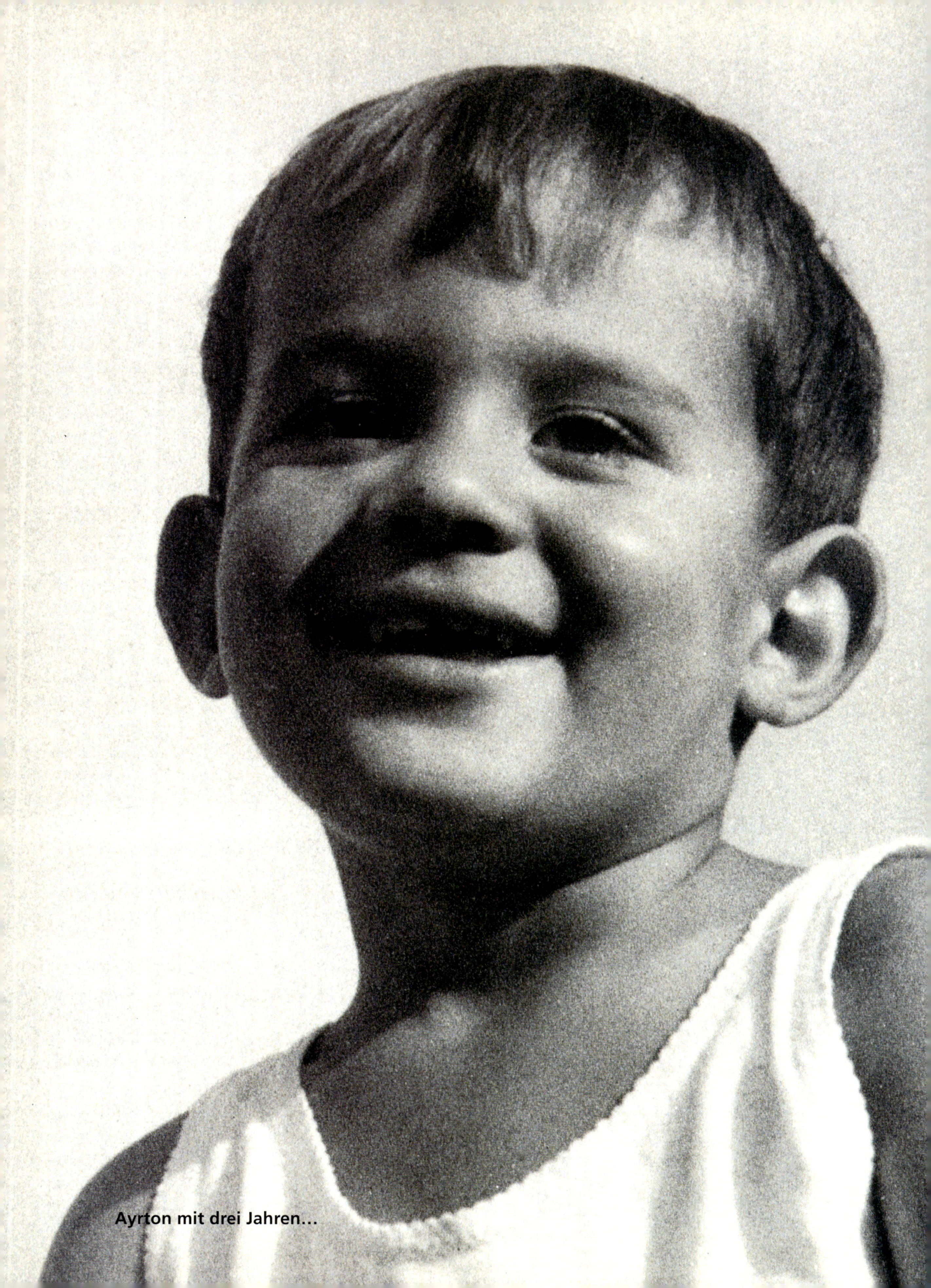

Ayrton mit drei Jahren…

… Ayrton Senna mit 33 Jahren

Die frühen Jahre

Er kommt aus einer Millionärsfamilie. Die Eltern können Ayrton jeden Wunsch erfüllen. Aber das soll seine Erfolge nicht schmälern. Denn Mut, Talent und Risikobereitschaft sind nicht zu kaufen.

Von Hermann J. Müller

Im Alter von vier Jahren bekommt Ayrton von seinem Vater das erste Kart geschenkt. Es war „very slow“ erzählt Senna Jahre später. Mit sieben dreht er auf einem 3-PS-Kart seine Runden.

Mein Chefredakteur war außer sich. „Wo kommen wir hin, wenn wir jeden Jungredakteur um die halbe Welt schikken, nur weil irgend ein wildgewordener Brasilianer ein paar Rennen gewinnt?"

Es war im Juli 1981 - und erschwerend kam hinzu, daß der „wildgewordene Brasilianer" auch noch einen höchst merkwürdigen Namen trug: Ayrton Senna da Silva. Ein englischer Fotograf hatte mir, damals Jungredakteur bei „rallye racing", von ihm erzählt: „Ein unglaublicher Typ. Sieht aus wie Mamas Liebling, ist arrogant bis zum geht-nicht-mehr, aber fährt wie ein Weltmeister und hat vor nichts und niemandem Respekt." Und da Rennfotografen berufsbedingt in der ersten Reihe hinter der Leitplanke zu stehen pflegen und so mitunter ein Auge für Talente entwickeln, begann ich mich, für „Harry", wie sie ihn damals in England nannten, zu interessieren. Zwei Monate später - die Chefredaktion war endlich gnädig - traf ich ihn zum ersten Mal.

Das heißt: Zuerst sah ich seine Frau. Liliane, so hieß sie, zog mit ihrer südamerikanisch-wohlproportionierten Figur die Augen auf sich wie eine Erdbeertorte die Wespen und hätte rein optisch eher zu einem ausgewachsenen Knaben gepaßt, der da durch das Fahrerlager von Brands Hatch schlakste.

In diesem Moment kamen mir die ersten Zweifel. Der Bursche muß mehr draufhaben, als einfach nur autofahren, dachte ich mir. Doch beim ersten Gespräch bestätigte sich erstmal die Charakterstudie des Fotografen. Ich sei Journalist aus Germany - und ob er vielleicht eine halbe Stunde Zeit für mich hätte, fragte ich ihn. „Yeees", antwortete Senna ziemlich gelangweilt, „aber nicht jetzt. Heute abend oder morgen früh."

Oha, dachte ich mir. Soll er mir doch den Buckel runterrutschen. Andere freuen sich, wenn einer eine Story über sie macht. So jung und schon so arrogant. Mit mir macht er das nicht. Zumindest theoretisch. Praktisch dagegen war ich nun einmal hier - und ohne Geschichte konnte ich nicht zurückkommen. Das Ende meiner Probezeit wäre besiegelt gewesen. Also: Wann, Mr. da Silva? „Sechs Uhr, hier am Transporter", schlug er vor - und ich hatte den Eindruck, daß er ahnte, was mir gerade durch den Kopf gegangen war.

So jung und schon so arrogant

Als wir uns abends trafen, wartete er schon auf mich. Der Anflug eines Lächelns huschte über sein Gesicht - und eine Art von Entschuldigung kam über seine Lippen: „Sorry for before, but been busy", nuschelte er - und ich stellte beruhigt fest, daß sein Englisch noch schlechter war als meines.

Es folgten die üblichen Fragen - und Antworten: Geboren am 21. März 1960 in São Paulo, Vater Milton, von Beruf Unternehmer, Mutter Neide, zwei Geschwister: Leonardo und Viviane.

Was für ein Unternehmen hat denn der Vater? „Er baut Zulieferteile für die Autoindustrie." Und wieviel Beschäftigte? „Ungefähr 700." Hmm. Und das war noch nicht alles. Ein wenig Grundbesitz hatte man

Zweimal Weltmeisterschaftszweiter auf dem Kart – das ist für den 20jährigen Ayrton das Ticket nach England.

Ayrtons frischgebackene Ehefrau Liliane begleitet ihn zur ersten Formel-Ford-Saison in England. Mit offensichtlich mäßigem Interesse schaut sie den Startvorbereitungen zu.

auch: So um die 500.000 Hektar auf ein paar Farmen. Wie bitte - 500.000? „Yeees."

So war das also. Der Vater schwimmt im Geld und der verwöhnte Sohnemann verbrät es. Sehr komisch. Tolle Geschichte. Mein Chefredakteur würde sie mir glatt um die Ohren schlagen.

Wieder war es, als könne er Gedanken lesen. „Aber ich bin

„Ich fahre nicht aus Langeweile"

nicht so einer, wie Sie jetzt denken", sagte er. Wie bitte? „Ich fahre nicht aus Langeweile, sondern weil ich gewinnen will", kam die Antwort. Und sie kam in einem Ton, der keinen Zweifel zuließ. Leise, aber bestimmt.

Und jetzt kam das Gespräch in Gang. Ich gab zu, daß ich ihn für einen arroganten Bengel hielt - und er räumte ein, daß ihm manchmal nicht gelänge, einen solchen Eindruck zu verhindern. Und Liliane, die die ganze Zeit wort- und regungslos neben ihm gesessen hatte, nickte auf einmal heftig.

Damit war das Eis nicht gebrochen, aber angetaut. Senna, ich durfte ihn jetzt Ayrton nennen, erzählte, daß er mit vier Jahren von seinem Vater sein erstes Kart bekam, „einen Eigenbau, ein PS, very slow." Alles weitere ergab sich.

Mit sieben Jahren bekam er „ein richtiges Kart, es hatte drei PS." Damit drehte er regelmäßig seine Runden auf einer Kartbahn in Santana, einem

Nicht geeignet für das Leben zu zweit: Mit 21 verheiratet, mit 22 wieder getrennt - Ayrton und Lilliane.

Ayrton Senna beginnt wie die meisten jungen Rennfahrer in einer Na

Im Eiltempo nach oben: 1982 holt sich Ayrton Senna da Silva die britische Meisterschaft in der Formel Ford 2000 auf einem van-Diemen-Chassis. Das Team ist mächtig stolz.

ıchsformel – der Formel Ford 1600. Alle haben einen Traum gemeinsam: Sie wollen in die Formel 1.

Vorort von São Paulo. Rennen fahren durfte er nicht, bevor er 13 war.

Dann kam der 1. Juli 1973: Großes Kart-Rennen in Interlagos, am Start auch der Sieger der letzten brasilianischen Meisterschaft, Maurizio Sala. Doch der Sieger hieß Senna.

Erstes Rennen, erster Sieg, ein Einstand nach Maß. „Ich war überrascht, wie einfach es war," erinnerte sich Senna. Auch seine Gegner waren überrascht. Doch dann fingen sie sich wieder, denn es gab ja eine Erklärung: Während sie ihre Motoren selbst bauten und tunten, ließ Herr Senna schrauben. Er hatte es ja. Und wenn ein Motor platzte, zückte Papa das Scheckbuch. Mit einem ordentlichen Konto im Rücken können viele schnell fahren. Senna erzählte das völlig cool, ohne sichtbare Gemütsregung. Belastete ihn das Gerede der Konkurrenz nicht? Ein müdes Grinsen: „Schon, etwas. Aber was konnte ich dafür? Ich hab´mir meinen Vater nicht ausgesucht. Die Dinge waren nun mal so. Und ein Top-Kart ist noch lange keine Garantie für Siege."

Das stellte er in den nächsten Jahren fest. Senna produzierte zwar diverse - zum Teil heute noch gültige - Rundenrekorde, gewann 1977 die südamerikanische Kart-Meisterschaft, aber lange nicht jedes Rennen.

Dann ging er nach Europa. Zweimal - 1979 und 1980 - wurde er Zweiter der Weltmeisterschaft Kart. Nebenbei hatte der folgsame Sohn begonnen, an der Universität von São Paulo Wirtschaftswissenschaften zu studieren. „Aber das tat ich eigentlich nur meinem Vater zuliebe. Er wollte immer, daß ich irgendwann sein Business über

Als folgsamer Sohn Studium begonnen

nehmen sollte. Daß ich Rennfahrer werden wollte, nahm er nicht ernst."

Doch es war ihm ernst: Im Mai 1981 bewarb er sich bei einer der ersten Adressen für aufstrebende Nachwuchsrennfahrer: bei Ralph Firman, dem Konstrukteur und Chef des Van-Diemen-Teams. „Mein Freund Chico Serra hatte mir geraten, Formel Ford 1600 zu fahren." Serra hatte ihn auch gleich bei Firman empfohlen, und das Konto des Vaters kam erleichternd hinzu: Senna bekam einen Vertrag für die drei wichtigsten Formel-Ford-Serien auf der Insel. „Well - and here I am", schloß Senna seine Bilanz.

Den Rest hatte ich den einschlägigen Zeitungen entnommen: Er war bei 19 Formel-Ford-Rennen gestartet - und hatte zwölf davon gewonnen. Und wie sollte es weitergehen? Formel Ford 2000? Oder gleich Formel 3? Er sah mich an, wieder dieses müde Grinsen: „Ich höre auf mit der Rennfahrerei. Ich gehe zurück nach Brasilien."

Er konnte also doch noch witzig sein.

Aber es war kein Witz. Er meinte es ernst. Er hatte alles in Grund und Boden gefahren, konnte sich für die neue Saison ein Team aussuchen - und wollte aufhören. Unfaßbar.

Seit 1981 kennt er die Rennstrecke vo

Doch er hatte seine Gründe: „Ich habe in diesem Jahr zwei Meisterschaften und zwölf Rennen gewonnen, war 14mal Trainingsschnellster - und finde keinen Sponsor. Ein Sport, in dem man selbst dann noch viel Geld bezahlen muß, wenn man bewiesen hat, daß man gut ist, interessiert mich nicht mehr."

Wir verabschiedeten uns. Freunde waren wir zwar nicht geworden, aber irgendwie hatte er mich schon beindruckt. Am nächsten Tag sah ich mir das Rennen an, in dem er ausnahmsweise nur Zweiter wurde. Doch das interessierte mich kaum noch. Vielmehr überlegte ich, wie ich das wohl meinem Boß beibringen sollte. „Eine Story für den Papierkorb. Nicht schlecht, aber uninteressant.

nington. Damals siegte er in der Formel Ford 1600. Unvergessen: der Regensieg in Donington 1993.

Was sollen wir mit einem Rennfahrer, der schon aufhört, bevor ihn einer kennt?" Ich konnte mir die Sprüche vorstellen.

Tatsächlich waren sie dann noch schlimmer, nicht druckreif sozusagen. Doch insgeheim hegte ich die vage Hoffnung, meine Story doch nicht für den Papierkorb recherchiert zu haben. Ein Typ, der so besessen ist vom Rennfahren, daß er sich für nichts anderes interessiert, hört nicht einfach so sang- und klanglos damit auf, dachte ich mir. Aber ich hütete mich, es laut zu sagen.

Ein halbes Jahr später, beim Großen Preis von Belgien in Zolder, traute ich meinen Ohren nicht: Ein Kollege riet mir, am nächsten Tag auf keinen Fall das Formel-Ford-2000-Rennen zu verpassen: „Da fährt einer mit, der bis jetzt alle Läufe gewonnen hat. Entweder ist das Auto oberfaul, oder der Kerl fährt in zwei Jahren Formel 1."

Der Kerl war Senna. Ich traf ihn kurz nach dem Rennen,

„Konnte nicht aufhören"

er war ausgefallen. „Ich konnte nicht aufhören", erzählte er. „Ich habe es ernsthaft versucht, drei Monate lang. Aber es ging nicht."

Schlußendlich hatte er bei seinem alten Sponsor Banerj doch noch 7.000 Pfund losgeeist und war wieder nach England geflogen, wo man ihn bei Van Diemen mit offenen Armen aufnahm.

Es sollte sich auszahlen: Senna gewann 21 von 27 Rennen in der Saison 1982 und produzierte einen ähnlichen Durchmarsch ein Jahr später in der englischen Formel-3-Meisterschaft. Dort gewann er die ersten neun Rennen, doch dann riß die Strähne: Unfälle, Ausfälle und ein immer stärker werdender Martin Brundle ließen seinen Vorsprung in der Tabelle bis auf drei Punkte zusammenschrumpfen. Und dann kam das Finale in Thruxton - eine reine Nervensache. Brundle versagte kläglich, wurde sowohl im Training als auch im Rennen nur Dritter, während Senna völlig cool eine makellose Show abzog: Schnellste Trainingszeit, schnellste Runde im Rennen, Sieg - und Meisterschaft.

Sieg! Am 27. März 1983 gewinnt Ayrton Senna seinen ersten Formel-3-Lauf im englischen Donington. Am Saisonende ist er Britischer Meister und reif für die Formel 1.

Formel 3: In einem Ralt RT 3E von Dick Bennetts West Surrey Racing gewann Ayrton Senna 1983 zwölf Rennen und die Britische Meisterschaft. Gleichzeitig fuhr er Formel-1-Tests.

Kein Wunder, daß sich die Top-Teams der Formel 1 danach um ihn rissen. Senna wurde von Williams getestet, er bekam Angebote von Brabham, McLaren und Lotus - und entschied sich schließlich für Toleman, was niemand begreifen konnte.

Doch Senna konnte es erklären: „Bei Brabham wollte mich Piquet nicht als Teamkollegen, bei Lotus wollte der Sponsor keinen Brasilianer - und bei McLaren wäre ich das fünfte Rad am Wagen gewesen. Daher zog ich es vor, in einem zweitklassigen Team die Nummer 1 zu sein."

Daß mit ihm nicht gut Kirschen essen sein würde, merkte Toleman-Teammanager Alex Hawkridge schon bei den Vertragsverhandlungen: „Er war unglaublich selbstbewußt. Er wollte den Vertrag an zwölf verschiedenen Stellen geändert haben. Über unsere Konkurrenzausschlußklausel mußte er sogar lachen. „So lange ich für Sie fahre, setze ich mich auch hundertprozentig ein", sagte er. „Aber wenn ich ein besseres Angebot bekomme - und Sie lassen mich nicht gehen, fahre ich auch nicht mehr für Sie. Dann höre ich lieber ganz mit der Rennerei auf." Es war unglaublich.

Mich wunderte es nicht. Ich hatte Senna als einen Mann kennengelernt, der sich seiner Sache hundertprozentig sicher war. Was andere über ihn dachten, war ihm völlig egal. Was für ihn zählte, war der Erfolg - und dafür hatte er zwischenzeitlich nicht nur seine Ehe, sondern auch eine Menge Freundschaften geopfert.

Am Abend nach Sennas erstem Formel-1-Rennen, 1984 in Brasilien, begegnete mir Alex Hawkridge im Fahrerlager. Wie sich sein neuer Mann denn mache, fragte ich ihn. Hawkridge verdrehte die Augen: „Er fährt wie ein Weltmeister. Aber wenn er aus dem Cockpit steigt, lernst du ihn hassen. Er will 20 Boxenkarten für sämtliche Familienmitglieder, geht zum Lachen in den Keller, stellt dauernd schlaue Fragen - und dann weiß er auch noch alles besser. Und das Schlimmste ist: Er hat fast immer Recht."

Im Rekordtempo in die Formel 1

1960 Geburtsjahr

1973-1980

1973 Erste Teilnahme an Kartrennen
1977 Kartmeister Pan-Amerika
1979 WM-Zweiter Kart
1980 WM-Zweiter Kart

1981

Formel Ford 1600
Britischer Meister

1982

Formel Ford 2000
Britischer Meister
Europameister

1983

Formel 3
Britischer Meister

Mit Senna in der Formel Ford

1981 war Ayrton Senna Englischer Meister in der Formel Ford 1600. Sein Landsmann Mario-Alberto Bauér gewann im selben Jahr die Deutsche Meisterschaft. Im Jahr darauf traten sie erstmals gegeneinander an.

Von Mario-Alberto Bauér

Es war im Sommer 1982. Ich war einer der vielen jungen Leute, die auf eine Formel-Karriere hofften. Mit dem Meistertitel der deutschen Formel Ford in der Tasche reiste ich nach England, präziser nach Snetterton im Nordosten des Inselreichs. Ich hatte die Chance, einen Formel Ford 2000 zu testen, also erstmals Slickreifen und Flügel, eine ziemliche Umstellung.

Als ich die Fabrik des Rennwagenherstellers van Diemen betrat, da stieg ein schüchterner, schlanker Junge in seinen

Ich ahnte nicht, daß ich gerade meinem größten Problem begegnet war.

silbernen Alfasud. Eine kleine brasilianische Flagge am Heckfenster verriet: Ein Landsmann. Ich ahnte nicht, daß ich gerade meinem größten Problem begegnet war. Dieser Junge hatte schon in der englischen Formel-Ford-1600-Szene Furore gemacht. Dieses Jahr, so warnte man mich vor, sei er bei der Mehrzahl seiner Starts in der Formel Ford 2000 siegreich gewesen. Er galt als das Zugpferd des Rennwagen Herstellers. Ich hatte mit einem Konkurrenzchassis den Titel in Deutschland erkämpft, war also für Van Diemen offenbar interessant. Was ich nicht ahnte: Morgen, wenn ich erstmals im 2000er unterwegs sein würde, wollte Firmenchef Ralph Firman seinen Star als Nagelprobe auf mich ansetzen.

Der neue Tag kam, der berüchtigte Brasilianer wurde mir vorgestellt: Ayrton Senna da Silva aus São Paulo, zufällig auch meine Geburtsstadt. Wir unterhielten uns angeregt, stellten fest, daß uns gerade 18 Tage altersmäßig trennten – und auch sonst verband uns einiges. Aber als jeder zu seiner Box schritt, da war klar, keiner wird dem anderen etwas schenken.

Ich gewöhnte mich schnell ein, war meist allein auf der Strecke, doch dann gegen Nachmittag erstmals ein Zusammentreffen. Von den Rundenzeiten her war Ayrton wohl neugierig geworden, er wartete förmlich auf mich. Unser kleines Privatrennen machte Spaß, ich fuhr rundenlang hinter meinem Kontrahenten im Werksauto her und dachte mir: „Der kocht auch nur mit Wasser." Am Ende der Gegengeraden wurde ich dann endlich mal frech und zog aus seinem Windschatten. Überflüssig zu erwähnen, daß das hier nun kein Spiel mehr war: Ich wollte einen Werksvertrag, Ayrton sein Monopol im Werksteam gegen Neuankömmlinge möglichst luftdicht versiegeln. Die enge Schikane, die bestenfalls den zweiten

Ich dachte: „Der bremst zuerst."

Gang vertrug, kam im Fünften ungewohnt flott auf mich zu, ich schielte nach rechts und dachte: „Der bremst zuerst." Ich werde nie vergessen, wie mir Ayrton durch seinen Rückspiegel tief in die Augen schaute und dabei langsam aber unaufhaltsam die Tür zuschmiß, mir den Raum zusammenschnitt, den ich eigentlich dringend benötigte, um den Guten auszubremsen. Ich gab nicht nach, wir hauten beide auf die Bremse, der Einlenkpunkt war da, unsere Autos tauschten kurz Lack und vor allem Gummiproben aus. Ich zwängte mich halb quer über den inneren Curb. Irgendwie kamen wir beide weiter, ohne rauszufliegen. Doch Ayrton war früher auf dem Gas und weg.

Mit dieser kleinen Kostprobe seiner Hierarchie-Vorstellung kamen wir nach Hocken-

Senna ist schneller: Der Deutsche Meister Mario A. Bauér (1982) im Formel Ford 2000 am Hockenheimring

heim, es war ein Lauf zur Euro-Serie im Rahmenprogramm des Formel-1-Grand-Prix.

Das halbstündige Zeittraining am Freitag dominierte auf trockener Strecke Ayrton, ich war zu kurz übersetzt. Blieb auf das zweite Training am Samstag zu hoffen. Aber am Samstag goß es aus allen Kübeln. Ich war noch keinen Meter mit diesem Auto im Regen gefahren. Die Abstimmung war mit meinen bescheidenen Erfahrungswerten also ein reines Lotteriespiel, unmöglich in einer halben Stunde zu begreifen.

Ich hatte nicht viele Alternativen, aber mir war klar: Wenn einer die ideale Abstimmung für diese Sintflut da draußen kannte, dann Ayrton, der das gesamte Testprogramm für Van Diemen in England fuhr. Ich ging also zu ihm, gratulierte artig zur Pole-Position und bat ihn um Hilfe. Sofort rasselte er seine gesamten Feder-, Stabi-, Stoßdämpfer- und Flügeleinstellungen herunter, gab mir zusätzlich einen Tip für die Frontflügel, weil unsere baugleichen Chassis in schnellen Kurven nicht besonders willig einlenkten. Mit gemischten Gefühlen ließ ich mein Auto umbauen. Nach dem Testgerangel in Snetterton wußte ich nicht so recht, was ich von dieser großzügigen Geste halten sollte.

Kurz bevor die jungen hungrigen Nachwuchspiloten auf die Bahn gelassen wurden, sickerte zu uns Fahrern durch: Didier Pironi hatte eben im Formel-1-Training einen schweren Unfall, ist in der Regengischt auf Prosts Hinterräder geknallt, hat sich schlimm überschlagen. Trotzdem, Visier runter und hinein in die Fluten.

Der wahrgewordene Alptraum

Die Waldgeraden in Hokkenheim sind im prasselnden Regen ein wahrgewordener Alptraum. Die aufgewirbelte Gischt bleibt zwischen den Bäumen wie eine dichte Nebelwand stehen. Als Twen hat man sich nicht gefragt, was man da wohl Hirnrissiges bei Tempo 230 macht, da fühlte man die Herausforderung an das eigene Talent, eine Konzentrations-, aber auch eine Mutprobe. Nur links und rechts an den Leitplanken ermaß man aus den Augenwinkeln, ob man noch auf der Piste fuhr. Man horchte auf das Motorgeräusch des Vordermannes: Wenn es lauter wurde, mußte man abwarten, bis seine Positionsleuchte im aufgewirbelten Fahrwasser sichtbar wurde, dann ausscheren, überholen.

Ich wurde Vierter. Ayrtons Abstimmung erwies sich als perfekt, das Auto machte genau, was ich ihm befahl. Mein zeitweiser Verdacht, Ayrton könnte mich mit einer bewußten Fehlinformation verwirren wollen, traf nicht zu.

Ayrtons Tips sind perfekt

Wenige Minuten nach dem Regentraining kam Ayrton zu mir. Ich dankte ihm für die Tips, doch bevor ich meinen Mechanikern noch etwas über das Fahrverhalten erzählen konnte, da begann Ayrton haarklein jede Reaktion des Chassis in allen erdenklichen Fahrsituationen abzufragen. Ich hatte zunehmend Mühe, mich an all die abgefragten Situationen zu erinnern, je präziser Ayrton in die Feinheit der Fahrphysik hineinkroch, aus dem hintersten Winkel noch eine Information aus mir herauskitzeln wollte. Ich glaube, er hat mir abgenommen, daß ich ihm nichts verschweigen wollte. Und mir wurde klar, dieser Bursche hatte ein halbes Dutzend Sensoren mehr als ich. Anders konnte er diesen Umfang an Informationen aus einem relativ simplen Chassis eines Formel Ford 2000 kaum erarbeitet haben.

Mit wurde klar: Um Ayrton Senna da Silva zu schlagen, mußte man bedeutend mehr mitbringen, als einen schweren rechten Fuß. Was mich im Laufe der Jahre immer wieder tröstete, war die Tatsache, daß sich recht prominente Asse an diesem Ausnahmetalent die Zähne ausbissen. Nur um schlußendlich zu derselben Erkenntnis zu gelangen.

(Der Autor Mario-Alberto Bauér gab seine Rennfahrerkarriere kurz danach auf. Er arbeitet heute als Motorsport-Journalist.)

1983
Schicksals-begegnung

Frank Williams und Ayrton Senna

Frank Williams, Chef des Teams Saudia-Williams-Ford, hat 1982 mit Keke Rosberg die Weltmeisterschaft gewonnen. Für den glücklosen Jacques Laffite sucht er einen Ersatzfahrer und testet unter anderem den 23jährigen Ayrton Senna. (Zwei Jahre später wird Williams nach einem Verkehrsunfall querschnittsgelähmt sein.)

Seine ersten und letzten Runden in einem Formel-1-Auto bestreitet Ayrton Senna bei Williams. In beiden Fällen ist es das Weltmeisterteam. Am 19. Juli 1983 öffnet Frank Williams dem jungen Brasilianer die Tür zur Formel 1.
3.942 Tage später muß Williams miterleben, wie in seinem Wagen eine beispiellose Karriere endet.

Ayrton Senna sitzt zum ersten Mal in einem Formel-1-Wagen. Und was für einem: Williams gehört nach einer langen Durststrecke zu den Spitzenteams. 1981 und 1982 hat man die Konstrukteurs-WM gewonnen, außerdem mit dem Finnen Keke Rosberg den Weltmeistertitel 1982. Zum Vertrag mit Senna kommt es erst zehn Jahre später.

Wie Phoenix aus der Asche taucht Ayrton Senna 1985 auf den Spitzenrängen der Formel 1 auf. Stolz w

Youngster vom Traditionsteam Lotus der Presse präsentiert, als er in Spa seinen zweiten Sieg einfährt.

1984
Toleman-Hart

Teamkollegen:

Johnny Cecotto (VEN),
0 Punkte

Stefan Johansson (S),
3 Punkte

Pierluigi Martini (I),
0 Punkte

Bilanz Ayrton Senna:
13 Punkte, Platz 9

Toleman-Hart TG 184

Zandvoort 1984: Ayrton Senna kämpft im Mittelfeld (gelber Helm), wie meistens in jenem Jahr. Zwa

1984

Dreizehn Punkte für ein Pleiteteam

McLaren, Lotus, Brabham und Honda hatten den Neuling Ayrton Senna getestet. Aber der unterschreibt beim Looser-Team Toleman. Und bricht während der laufenden Saison den Vertrag.

at er schon einen 2. und einen 3. Platz geschafft, aber er ist mehr als unzufrieden mit dem Toleman.

1984 tauchte er in der Formel 1 auf. Das war jenes Jahr, in dem Niki Lauda gegen Alain Prost seinen dritten WM-Titel mit einem halben Punkt Vorsprung herausholte.

In jenem Jahr 1984 betraten mit Ayrton Senna und Stefan Bellof zwei ganz außergewöhnliche Talente die Grand-Prix-Bühne. Der 3. Juni 1984 machte es deutlich.

Es war naß und kalt in Monte Carlo, aber die 100.000 durchweichten Fans störte das nicht. Sie erlebten einen Grand Prix der Superlative - einen der denkwürdigsten der gesamten Championatsgeschichte. Höhepunkt Nummer eins: Unmittelbar nach dem Start schossen sich die beiden Renault-Piloten René Arnoux und Derek Warwick gegenseitig ab. Aber noch war der Traum des französischen Staatskonzerns vom Sieg im wichtigsten Rennen des Jahres nicht ausgeträumt. Mit den Lotus-Renault von Nigel Mansell und Elio de Angelis hatte er immer noch zwei Eisen im Feuer.

Höhepunkt Nummer zwei: In der elften Runde übernahm der Brite Mansell die Führung - zum ersten Mal im Verlauf seiner Formel-1-Karriere. Vielleicht würde man sich den Namen des Schnauzbarts doch noch merken müssen, der während seiner ersten drei kompletten GP-Jahre mehr schlecht als recht 25 WM-Punkte heimfuhr ...

Fünf Runden später war der Mansell-Spuk beendet: Bei Beau

Rivage verlor der Engländer die Kontrolle über seinen schwarzen Boliden. Unsanft schlug er gegen den harten Stahl der Leitplanken. Wütend auf sich selbst - „Ich kam nur um zehn Zentimeter von der Linie ab!" - quälte er sich noch bis vor den Tunneleingang. Dann streikte das Unfallauto.

Höhepunkt Nummer drei: Senna (vom 13. Startplatz kommend) und Bellof (langsamster

Die Geburtsstunde zweier Formel-1-Asse

Pilot des Qualifying) fuhren sich von Runde zu Runde mehr in die Herzen der Fans. Während des 19. Umlaufs eroberte der brasilianische Toleman-Fahrer Rang zwei hinter dem neuen Spitzenreiter Alain Prost. Acht Runden später rückte Bellof auf Platz drei vor! Jetzt machten die zwei Youngster Jagd auf Alain Prost, der unaufhaltsam Boden verlor. Vorn rechts plagte ein Radlagerschaden den Franzosen, der sich aber auch ohne diesen Defekt nicht mehr lange hätte wehren können.

In seiner Not deutete Prost bei Start-und-Ziel mit der Rechten auf das beschädigte Rad. Und Rennleiter Jacky Ickx zeigte Mitleid: Der Belgier - selbst ein exzellenter Regenfahrer - brach das Rennen wegen der starken Niederschläge ab! Prost erhielt 4,5 Punkte für den Sieg, Senna und Bellof den Beifall der Zuschauer. Sie waren begeistert, die „Geburtsstunde" von gleich zwei neuen Formel-1-Assen miterlebt zu haben. Aber der Gießener Tyrrell-Pilot hatte nur noch gut 400 Tage zu leben. Er starb am 1. September 1985 am Steuer eines Porsche-Sportwagens, bevor er im GP-Sport einen Spitzenplatz einnehmen konnte. Senna blieben noch 119 Monate, um einem F-1-Jahrzehnt seinen Stempel aufzudrükken.

„Zwei Runden mehr und ich hätte gewonnen", sagte Senna nach dem Monaco-Rennen tief enttäuscht. Und Prost bestätigte diese Aussage: „Stimmt."

Sennas Supervorstellung in Monaco ließ Lotus-Chef Peter Warr aktiv werden. Er wollte

Beim Start auf dem neuen Nürburgring rammt Neuling Ayrton Senna den 82er Weltmeister Keke Rosberg. In den Crash sind auch Nigel Mansell und Gerhard Berger verwickelt.

1984

Mit Ayrton Senna kommen in die Formel 1:

Philippe Alliot (F)
29 Jahre, RAM-Hart

Stefan Bellof (D)
26 Jahre, Tyrrell-Ford

Gerhard Berger (A)
25 Jahre, ATS-BMW

Martin Brundle (GB)
25 Jahre, Tyrrell-Ford

Jo Gartner (A)
30 Jahre, Osella-Alfa Romeo

Deutsche Hoffnung Stefan Bellof (verunglückt 1985)

Mansell loswerden. Wiederholt traf er sich heimlich mit dem Südamerikaner und meldete am 26. August stolz: „Ayrton Senna fährt 1985 und 1986 für Lotus!" Die „Tolemänner" trauten ihren Ohren nicht, waren völlig überrascht, denn eben dieser Senna - das hatten sie schriftlich - stand bis Ende 1986 bei ihnen unter Vertrag. Die Zukunft des Teams war auf Senna aufgebaut ... Warr wusch seine Hände in Unschuld: „Senna sagte uns, er sei frei." Senna sah sich selbst auch nicht als Buhmann: „Unmittelbar nach dem WM-Lauf in Zeltweg teilte ich Ted Toleman mit, daß ich das Team verlasse. Ich lasse es nicht zu, daß ich als Lügner hingestellt werde und mein Ruf ruiniert wird."

Tatsächlich aber war Toleman ruiniert. Der Boß des Rennstalls spürte schnell, daß er den Brasilianer nicht gegen seinen Willen halten konnte. Gerichtlich stritt er nur noch um die Ablösesumme. Aber Vater Senna lieferte das Dynamit, damit sich Ayrton von Toleman lossprengen konnte: er zahlte die 100.000 Pfund Pönale für den Vertragsbruch.

Senna vor seinem ersten Formel-1-Start am 25. März 1984 in Rio de Janeiro. Er fällt wegen eines Schadens am Turbolader aus. Das Idol seiner Landsleute heißt damals Piquet.

Ein mutiger Bursche, aber nicht sehr durchtrainiert: Toleman-Star Ayrton Senna. Erst vier Jahre später beginnt er ernsthaft mit regelmäßigem Fitneß-Training unter Anleitung.

Bevor sich die Parteien einigten, blieb Toleman nur die Rache des „kleinen Mannes". Im September, in Monza, gab er Sennas Auto dem Italiener Pierluigi Martini. Toleman-Manager Chris Witty kommentierte den Schachzug nicht ohne Schadenfreude: „Damit brechen wir den Vertrag nicht. Senna ist unser Angestellter - ob wir ihm einen Rennwagen geben oder ihn Zigarettenkippen aufsammeln lassen, ist unsere Sache."

Martini qualifizierte sich in Monza nicht, und Senna wurde für den Rest der Saison wieder in Gnaden aufgenommen. Noch

Verkauf an Benetton

ein Jahr versuchte Toleman anschließend sein Glück. Doch ohne den Baustein Senna ging seine Rechnung nicht auf. Der Transportunternehmer verkaufte sein Team an den italienischen Textilfabrikanten Luciano Benetton. Die Fachwelt lächelte mitleidig und prophezeite dem Modekönig ein Desaster ...

Die Persönlichkeit Ayrton Senna war im Sommer des Orwell-Jahres noch nicht ausgereift. Als sich Johnny Cecotto - Sennas Teamkollege - im ersten Training für den Grand Prix von England in Brands Hatch schwere Verletzungen zuzog, besuchten ihn die Toleman-Mitarbeiter im Hospital. Nur Ayrton Senna ließ sich nicht am Krankenbett des dreimaligen Motorrad-Weltmeisters sehen. Noch war Senna der eigene Weg nach oben wichtiger als menschliche Gefühle und Regungen. **A.E.**

Ergebnisse 1984

25.3., Brasilien (Rio de Janeiro)
Pole: de Angelis (I), Lotus-Renault
1. Prost (F), McLaren-TAG-Porsche
2. Rosberg (SF), Williams-Honda
3. de Angelis (I), Lotus-Renault
Senna: Ausfall (Turbolader)

7.4., Südafrika (Kyalami)
Pole: Piquet (BR), Brabham-BMW
1. Lauda (A), McLaren-TAG-Porsche
2. Prost (F), McLaren-TAG-Porsche
3. Warwick (GB), Renault
Senna: 6. Platz

29.4., Belgien (Zolder)
Pole: Alboreto (I), Ferrari
1. Alboreto (I), Ferrari
2. Warwick (GB), Renault
3. Arnoux (F), Ferrari
Senna: 6. Platz

6.5., San Marino (Imola)
Pole: Piquet (BR), Brabham-BMW
1. Prost (F), McLaren-TAG-Porsche
2. Arnoux (F), Ferrari
3. de Angelis (I), Lotus-Renault
Senna: nicht qualifiziert

20.5., Frankreich (Dijon-Prenois)
Pole: Tambay (F), Renault
1. Lauda (A), McLaren-TAG-Porsche
2. Tambay (F), Renault
3. Mansell (GB), Lotus-Renault
Senna: Ausfall (Turbolader)

3.6., Monaco (Monte Carlo)
Pole: Prost (F), McLaren-TAG-Porsche
1. Prost (F), McLaren-TAG-Porsche
2. Senna (BR), Toleman-Hart
3. Bellof (D), Tyrell-Ford (dem Team wurden am Saisonende alle Punkte aberkannt)

17.6., Kanada (Montreal)
Pole: Piquet (BR), Brabham-BMW
1. Piquet (BR), Brabham-BMW
2. Lauda (A), McLaren-TAG-Porsche
3. Prost (F), McLaren-TAG-Porsche
Senna: 7. Platz

24.6., USA-Ost (Detroit)
Pole: Piquet (BR), Brabham-BMW
1. Piquet (BR), Brabham-BMW
2. de Angelis (I), Lotus-Renault
3. Fabi (I), Brabham-BMW
Senna: Ausfall

8.7., USA (Dallas)
Pole: Mansell (GB), Lotus-Renault
1. Rosberg (SF), Williams-Honda
2. Arnoux (F), Ferrari
3. de Angelis (I), Lotus-Renault
Senna: Ausfall

22.7., England (Brands Hatch)
Pole: Piquet (BR), Brabham-BMW
1. Lauda (A), McLaren-TAG-Porsche
2. Warwick (GB), Renault
3. Senna (BR), Toleman-Hart

5.8., Deutschland (Hockenheim)
Pole: Prost (F), McLaren-TAG-Porsche
1. Prost (F), McLaren-TAG-Porsche
2. Lauda (A), McLaren-TAG-Porsche
3. Warwick (GB), Renault
Senna: Ausfall (Heckflügel)

19.8., Österreich (Österreichring)
Pole: Piquet (BR), Brabham-BMW
1. Lauda (A), McLaren-TAG-Porsche
2. Piquet (BR), Brabham-BMW
3. Alboreto (I), Ferrari
Senna: Ausfall (Öldruck)

26.8., Niederlande (Zandvoort)
Pole: Prost (F), McLaren-TAG-Porsche
1. Prost (F), McLaren-TAG-Porsche
2. Lauda (A), McLaren-TAG-Porsche
3. Mansell (GB), Lotus-Renault
Senna: Motorschaden

9.9., Italien (Monza)
Pole: Piquet (BR), Brabham-BMW
1. Lauda (A), McLaren-TAG-Porsche
2. Alboreto (I), Ferrari
3. Patrese (I), Alfa Romeo
Senna: vom Team gesperrt

7.10., Europa (Nürburgring)
Pole: Piquet (BR), Brabham-BMW
1. Prost (F), McLaren-TAG-Porsche
2. Alboreto (I), Ferrari
3. Piquet (BR), Brabham-BMW
Senna: Unfall mit Rosberg

21.10., Portugal (Estoril)
Pole: Piquet (BR), Brabham-BMW
1. Prost (F), McLaren-TAG-Porsche
2. Lauda (A), McLaren-TAG-Porsche
3. Senna (BR), Toleman-Hart

Fahrer-WM

1. Lauda (A), McLaren-TAG-P.	72
2. Prost (F), McLaren-TAG-P.	71,5
3. de Angelis (I), Lotus-Renault	34
4. Alboreto (I), Ferrari	30,5
5. Piquet (BR), Brabham-BMW	29
6. Arnoux (F), Ferrari	27
7. Warwick (GB), Renault	23
8. Rosberg (SF), Williams-Honda	20,5
9. Mansell (GB), Lotus-Renault	13
Senna (BR), Toleman-Hart	**13**
11. Tambay (F), Renault	11
12. Fabi (I), Brabham-BMW	9
13. Patrese (I), Alfa Romeo	8
14. Boutsen (B), Arrows-F./BMW	5
Laffite (F), Williams-Honda	5
16. de Cesaris (I), Ligier-Renault	3
Cheever (USA), Alfa Romeo	3
Johansson (S), Toleman-Hart	3
19. Ghinzani (I), Osella-Alfa Ro.	2
20. Surer (CH), Arrows-F./BMW	1

Konstrukteurs-WM

1. McLaren (143,5), 2. Ferrari (57,5), 3. Lotus (47), 4. Brabham (38), 5. Renault (34), 6. Williams (25,5), 7. Toleman (16), 8. Alfa Romeo (11), 9. Arrows (6), 10. Osella (4), 1. Ligier (3), 12 ATS (1)

1985-86 Lotus Renault

Bilanz Ayrton Senna:

1985: 38 Punkte, Platz 4

1986: 55 Punkte, Platz 4

Teamkollege 1985: Elio de Angelis (I),
33 Punkte

Teamkollege 1986: Johnny Dumfries (GB),
3 Punkte

1986: Lotus-Renault 98 T

1985: Lotus-Renault 97 T

1987 Lotus Honda

Teamkollege:
Saturo Nakajima (J),
7 Punkte

Bilanz
Ayrton Senna:

57 Punkte, Platz 3

Lotus-Honda 99 T

1985 - 87
Lotus-Blüte

Nach kurzer mysteriöser Krankheit tritt Ayrton Senna beim Traditionsstall Lotus an. Er fährt in den nächsten drei Jahren jeweils zwei Siege ein. Seither gewann nie wieder ein Fahrer auf Lotus.

Im Winter 1984/85 glaubte Lotus-Chef Peter Warr kurzfristig, mit Zitronen gehandelt zu haben. Senna war wochenlang wie vom Erdboden verschluckt. Daheim in Brasilien kämpfte er gegen eine seltsame Krankheit. Seine sportliche Zukunft schien ernsthaft gefährdet, denn eine mysteriöse Infektion lähmte eine Gesichtshälfte. In seiner Not witzelte Warr in Europa: „Am besten schicken wir ihn in die Alpen zum Wintersport, der Schnaps wird die Viren abtöten." Natürlich unterwarf sich Senna nicht der Roßkur. Auch ohne Alkohol überwand er die Krise.

„Als Lotus-Fahrer", verkündete der Genesene bei Tests vor Saisonbeginn, „werde ich mein wahres Können beweisen." Es blieb nicht bei leeren Worten. Beim Saisoneröffnungsrennen schied er, auf Rang zwei hinter Alain Prost liegend, aus. Dann

Die Seeschlacht von Estoril

schlug er zu: Estoril sah den Brasilianer erstmals auf dem besten Startplatz. Es war ein Rennen, das als die Seeschlacht von Estoril in die Geschichte einging. Ein Rennen, bei dem alle damals gültigen Maxime der Formel 1 nicht zählten. Spritverbrauch? Völlig uninteressant im Regen. Gefragt waren Traktion am Hinterrad und Virtuosität am Lenkrad.

Niki Lauda, der wegen Problemen mit den Bremsen aufgab, lief zur Rennleitung und plädierte für einen sofortigen Abbruch. Es wurde aber die volle Distanz gefahren.

Senna sagte: „Es war viel schlimmer als im Vorjahr in Monaco, ich habe noch nie in meinem Leben so viele böse Momente erlebt."

Manfred Winkelhock gestand, „noch nie soviel Angst gehabt zu haben." Lauda sprach von „einem völligen Wahnsinn zu fahren."

Ligier-Pilot Jacques Laffite fühlte sich mit seinen 42 „zu alt, um bei einem solchen Chaos mitzumachen."

Für Stefan Bellof war es „der größte Mist", und Alain Prost fand die ständige Aquaplaning-Gefahr „mörderisch".

Senna gab zu: „Ich war oft neben der Piste, alles wurde zur Glückssache. Ich habe gebetet,

Beim GP 1985 von Portugal manifest

na seinen Ruf als „Regenkönig“. In der Seeschlacht von Estoril gewinnt er seinen ersten Grand Prix.

Herzschlagfinale beim GP von Spanien 1986 in Jerez: Senna gewinnt nach einem beinharten Duell gegen Mansell das Rennen mit der Minimal-Differenz von 0,014 Sekunden.

Die stärksten Rivalen des Jahres 86 beim GP von Portugal: Ayrton Senna mit dem amtierenden Champ Alain Prost, Nigel Mansell und dem zweifachen Weltmeister Nelson Piquet.

daß man abbricht. Als Prost vor mir in die Leitschienen knallte, dachte ich, fahr eine andere Linie, und so bin ich heil durchs Wasser gekommen."

Senna mag natürlich Glück gehabt haben, daß er sich in dieser Seeschlacht nicht selber versenkte und ihn kein anderer torpedierte. Aber es war jenes Rennen, in dem er erstmals seine

Ein Piranha unter Weihnachtskarpfen

übernatürlichen Sensoren ausspielen konnte. Er fuhr wie mit einem Echolot für Wassertiefen. Er änderte ständig die Linie, je nach Wasserstand, er improvisierte, er hielt sich schadlos. Er war gewissermaßen ein Piranha, der durch einen Teich fetter Weihnachtskarpfen raste.

Er war der Sieger. Zum erstenmal in seiner Formel-1-Karriere stand er auf der obersten Stufe. Noch vierzig Mal sollte er diesen Ausblick genießen.

Zwei Rennen später, in Monaco zog sich Senna den Groll von Lauda und Alboreto zu. Im Abschlußtraining bekam er offenbar von Lotus die Order, er möge als Stör-Senna um den Kurs schleichen, um Lauda und Alboreto die schnelle Runde zu versauen.

Lauda kochte wie schon lange nicht: „Was will Lotus? Sie haben das beste Auto und die Pole, und trotzdem verheizen sie Senna. Daß sich der Knabe zu solchen Aktionen überhaupt hergibt ..."

Alboreto im Ferrari hatte mit Senna beinahe Feindberührung bekommen. Auch er war außer sich: „Unglaublich, eine solche Hinterhältigkeit, Senna ist ein Blödian." Und er fügte hinzu: „Wenn Ferrari von mir verlangen würde, ich soll eine solche Aktion durchziehen, würde ich nie mitmachen. Daß Senna mitmacht, zeigt doch, daß er hier oben (deutete sich an die Stirn) nicht ganz dicht ist."

Domingos Piedade, der im Jahr zuvor Sennas Manager war und in diesem Jahr Alboreto betreute, sah sich plötzlich als Ringrichter: „Wenn ich alles weitergeben würde, was der eine über den anderen schimpft, gäbe es im Rennen Mord und Totschlag."

Das Establishment der Branche mochte den Mann mit dem gelben Helm zunächst gar nicht. Es hagelte unentwegt Beschwerden. Diejenigen, die sich den Erfolgskuchen bisher teilten, lehnten die Speerspitze einer nachdrängenden Generation ab.

Tiefflieger Senna: Gummispuren am Helm

Keke Rosberg, Champion der Saison 1982, zeigte nach der Startkarambolage während des GP 1984 von Europa auf der GP-Piste des Nürburgrings in den Boxen seinen Sturzhelm. Schwarze Gummispuren „zierten" den bunten Lack - sie stammten von einem der Toleman-Pneus. Der Tiefflieger hieß Senna.

Ein Jahr später hatte der Brasilianer seine ungestüme Fahrweise noch nicht abgelegt. In Adelaide fuhr er Trainingsbestzeit. Lotus-Chef Peter Warr wollte nichts dem Zufall überlassen. Höchstpersönlich schnappte sich der Boß wenige Minuten vor dem Start einen Besen. Die „Beschleunigungsspur" vor den breiten, schwarzen Gummiwalzen seines Schützlings sollte frei von Schmutz sein. Keine fünf Gramm Kehricht fielen dem Besen zum Opfer. Trotzdem, Warr war sichtlich stolz. Perfektionisten freuen sich auch über kleinste Details. Dann hämmerte Senna los, als gelte es, die Welt aus den Angeln zu heben. Mansell - der seit jüngstem auch dem elitären Kreis der GP-Sieger angehörte - wurde sein erstes Opfer. Später rempelte er Rosberg in der Anfahrt zu den Boxen, dann drehte er zwei Chaos-Runden auf und neben dem Asphalt, bevor ihn ein Motorschaden stoppte.

Auch zuvor, in Imola, stand Senna auf der Pole-Position. Und er führte von der ersten bis in die 57. Runde. Dann stoppte ihn ein leergefahrener Tank. Die Piste von Imola lag dem Brasilianer ganz besonders: In den kommenden sechs (!) Jahren und schließlich 1994 eroberte er sich dort den besten Startplatz! Dreimal gewann er das Rennen. Als er am 1. Mai 1994 in Imola stürzte, führte er das Feld an - wie er es in Imola gewohnt war.

Mit 38 Punkten beendete Senna die Saison 1985 hinter Prost, Alboreto und Rosberg als Vierter. Er hatte nach Estoril auch den Großen Preis von Belgien gewonnen.

Jetzt nahmen ihn seine Zuhörer bereits ernst, wenn er laut

1986 in Hockenheim. Senna führt vor Berger (Benetton), Rosberg (McLaren), Piquet (Williams) und Prost (McLaren).

über den WM-Titel nachdachte: „Ich hoffe doch sehr, daß ich eines Tages Weltmeister werde. Der Titelgewinn ist der einzige Grund, aus dem ich Rennen fahre. Wann mir das gelingen wird, kann ich nicht vorhersagen. Aber immerhin konnte ich beweisen, daß ich Formel-1-Rennen gewinnen kann. Ich bin stark genug, den WM-Titel zu holen."

Der Stil, in dem er sich seine ersten Pole-Positions eroberte, begeisterte nicht nur die Lotus-Führung, sondern auch Motor-Konstrukteur Bernard Dudot: „Seine Konzentration ist unglaublich. In den Boxen plant er, eine bestimmte Zeit zu fahren - dann geht er raus auf die Piste und fährt sie tatsächlich." 1994 war derselbe Renault-Ingenieur Dudot begeistert, diesen

Teamchef Peter Warr: Senna ist „magic"

Senna endlich wieder in den eigenen Reihen zu haben. Doch die zweite Ehe Senna/Renault konnte keinen einzigen WM-Punkt heimfahren.

Lotus-Teamchef Peter Warr kreierte 1986 für Senna das Prädikat „magic".

Nigel Mansell pflegte damals ein privates Senna-Feindbild. Anfang der Saison bei den Rio-Testfahrten „hat sich Senna vor mir völlig sinnlos eingebremst, fast wäre ich über ihn drüber gefahren ..."

Mansell, der 1985 von Lotus zu Williams übergesiedelt war, hatte Boxen-Verbot bei Lotus. Einer seiner ehemaligen Mecha-

Als Lotus 1987 von Renault zu Honda wechselt, können Teamchef Peter Warr (l.) und Konstrukteur Ducarouge die letzten beiden Siege feiern. Senna können sie nicht halten.

niker machte ihm in Rio vor der Nase den Rollbalken zu: „Sorry Nigel, du bist hier unerwünscht..."

Als Senna 1986 einmal bei Williams auftauchte, fauchte Mansell: „Warum schmeißen wir den nicht raus?"

Mansells Fehde mit Senna wurde prolongiert. In der Startrunde zum Rio-Grand-Prix 1986

Mansell: Der Idiot bin in diesem Fall ich

hatte Senna den Mansell-Williams auf die Seife steigen lassen. Mansell wollte sich vorbeipressen, doch Senna war gnadenlos. Mansell flog ab. Mansells Gattin rügte: „Du weißt ja, Senna ist ein Idiot. Warum läßt du dich mit ihm ein?"

Nigel schlug sich an die Brust: „Du hast recht, der Idiot bin in diesem Falle leider ich."

In Monaco kam Senna mit der Friedensfahne: Er wünschte Mansell am Vorabend des Rennens „alles Gute". Des Briten knappe Antwort: „Ich wünsche mir, daß wir beide ins Ziel kommen - heil."

Mansell gewann 1986 fünf Grand-Prix auf seinem Williams-Honda, doch die Japaner waren völlig auf „magic" fixiert. Mansell wußte das und war verhärmt. Er konnte noch so viel siegen, der Wunderknabe war immer der andere. Sein Intimfeind.

Eine der ganz großen Stärken Sennas: Immer, so sagte er, halte er wissbegierig die Augen offen. Wenn er auf der Piste einem Konkurrenten folge, stelle er sich unermüdlich eine zentrale Frage: Weshalb macht er dies oder das? „Ich wäre dumm", gestand der zweifache GP-Sieger, „zu glauben, schon alles zu können."

An Fitness fehlte es ihm - kein Vergleich mit dem stählernen Körper, den er sich später antrainieren würde. Natürlich

„I made a mistake and fucked my tires"

mangelte es ihm auch an Routine - auf der Rennstrecke und im Umgang mit der Öffentlichkeit und den Medien. Als er in Detroit den erzkonservativen Amerikanern erklärte, weshalb sein Plan fehlschlug, im Training noch schneller zu fahren, plauderte er munter drauf los: „I made a mistake and fucked my tires ..." Den Amis blieben die Hotdogs und Hamburger im Halse stecken - hatten sie richtig verstanden? PR-Spezialisten des Lotus-Hauptsponsors gaben

Ayrton Senna mit dem Lotus-Honda 1987 in der Tamburello-Kurve von Imola. Die scharfe Biegung unterhalb der Kathedrale wird ihm sieben Jahre später zum Schicksal.

Senna kurz darauf Nachhilfeunterricht. Auch später würde Senna gelegentlich noch recht derbe Vokabeln verwenden - allerdings nur noch in derben Situationen. Senna mußte noch viel lernen. Und viele mußten ihn noch kennenlernen.

In Monaco, beim Empfang des Landes-Fürsten Rainier III., saß Helen Stewart - Ehefrau des Weltmeisters der Jahre 1969, 1971 und 1973 - neben einem jungen Mann, der ihr den Rat gab, ihre Söhne nicht Rennfahrer werden zu lassen. Frau Stewart wurde neugierig. Wer war das, der ihr Lebenshilfe gab? Sie fragte höflich nach. Rennfahrer sei er, antwortete der junge Mann. In welcher Kategorie, bitteschön? In der Formel 1. Sehr interessant, auf welchem Auto? Auf Lotus. Welchen Platz er denn im Training erzielt habe? Die Pole-Position. Und der Name? Ayrton Senna.

Daß er ein Genie im Cockpit war, deutete sich Mitte der 80er Jahre an, doch von der künftigen Größe war er noch weit entfernt. Senna auf Toleman-Hart und Lotus-Renault, das war der „ungeschliffene brasilianische Rohdiamant". Apropos ungeschliffen:

Als Ayrton Senna 1994 in Japan nach seinem Ausfall in der Startrunde des Pazifik-Grand-Prix „die jungen Piloten" wegen ihrer gefährlichen Fahrweise rügte, gingen die Erinnerungen in die ersten Formel-1-Jahre des Südamerikaners zurück. Der Toleman- und Lotus-Senna galt als schnell, ehrgeizig und absolut respektlos. Wäre der Senna der 90er auf der Piste einem Neuling begegnet, der so fuhr wie er am Anfang seiner Karriere - er hätte lauthals seine Sperre gefordert!

Jahre später litt ein gewisser Michael Schumacher unter diesem Phänomen. Der Deutsche zeigte bei seinem allerersten GP-Einsatz während des Trainings unbekümmert die Faust, als ihn der große „Professor" Prost behinderte. Schumacher dachte sich nichts Böses - Prost fiel entsetzt ob dieser „Gotteslästerung" aus allen Wolken. Nur 14 Tage später, Schumacher fuhr seinen zweiten Grand Prix, gestand der Rheinländer nach dem WM-Lauf in Monza telefonisch seinem Vater, daß er keinen seiner Kollegen fürchte. Sie alle würden auch nur mit Wasser kochen. Nur einen klammerte er dabei ausdrücklich aus: Ayrton Senna.

Senna wurde 1986 sicherlich auch von einem Lotus-Chassis

Lotus´ Geistesblitz

beflügelt, das mit einem Trick die Gummiparagraphen des Reglements unterwanderte, ein

Elio de Angelis ist Sennas Teamkollege 1985. Der Italiener siegt in Imola. 1986 stirbt er in Le Castellet beim privaten Training. Der letzte F1-Tote vor Ratzenberger und Senna.

1987 ist Sennas Lotus-Honda gelb lackiert - wegen des neuen Hauptsponsors Camel. Weltmeister Pr
fach gegen Senna, Boutsen im Benetton ohnehin. Die Abräumer der Saison sind Piquet und Mansel

Trick, der einfach genial war. Gerard Ducarouge hatte den aerodynamischen Geistesblitz abgefeuert: Der Lotus wurde mit seinem Bugspoiler so angestellt, daß sich erst im Fahrtwind der Wagenboden absenkte, und es entstand sozusagen ein „Schürzen-Auto". Der zusätzliche Ground effect war im Training gewissermaßen ein toller Nachbrenner. Aber im Rennen brauchte der Renault-Turbo zuviel Sprit.

Mansells Fehde mit Senna erreichte 1987 in Spa ihren unwürdigen Höhepunkt. Sie kollidierten mit Tempo 200.Mansell

Mansell - Senna: Kollision auf allen Ebenen

behauptete: „Senna ist plötzlich langsamer geworden, an sich wollte ich ihn gar nicht außen überholen." Sennas Gegendarstellung: „Wenn Nigel per Knopfdruck Turbo-Boost gibt, entsteht für ihn der Eindruck, ich wäre langsamer geworden."

Die lange aufgestaute Wut gegen Senna reagierte sich Mansell an der Box ab. Kaum von der Kollision zurück, zettelte er mit Senna eine Schlägerei an. Mechaniker trennten die Raufbolde. Mansell entschuldigte später sein Ausrasten „mit einem Adrenalin-Stoß".

Für die Engländer war Senna ohnehin ein rotes Tuch, denn Anfang 1986 hatte dieser Derek Warwick als neuen Lotus-Teamkollegen entschieden abgelehnt. Sennas Begründung: Lotus könne nicht zwei Top-Autos präparieren. Senna erpresste Lotus und setzte sich durch. An Stelle von Warwick kam Johnny Dumfries. James Hunt schäumte damals, er fragte Senna in „Autosport", ob er denn „keinen Stolz habe ..."

Vor der Saison 1987 hatten die Honda-Strategen ihren gottobersten Chefs eingeredet: Erst wenn wir Senna haben, werden wir unschlagbar. Lotus besaß Senna, ein Besitz, der Honda bewog, 1987 Motoren auch an Lotus zu liefern. Fortan waren die Lotus-Wagen strahlend gelb.

Senna, Lotus und Honda wurden durchweg von Williams-Piloten besiegt - mit Honda-Motoren. Senna konnte 1987 nur dort gewinnen, wo Mansell vorher die Waffen niederlegte.

Lotus überdribbelte sich selbst. Mit einem neuen, computergesteuerten Hydraulik-Chassis, wollte Lotus etwas ganz

Die erste aktive Radaufhängung in der Formel 1

Revolutionäres ins Spiel bringen: Die erste aktive Radaufhängung der Formel-1-Geschichte. Aber das System war so komplex, so sensibel, mit seiner Or-

McLaren verliert in diesem Jahr mehr-
liams-Renault. Mansell siegt in Jerez.

gie von Daten kaum zu beherrschen und unter dem Druck eines Rennwochenendes nicht mehr zu interpretieren. Es verschwand für Jahre in der Kiste der Vergessenheit.

Senna erkannte schon in Monaco, daß er 1987 mit dem „denkenden“ Chassis nicht Champ werden konnte. Immerhin lernte er viel in dieser High-Tech-Operation. Schon damals kursierten Stories über sein märchenhaftes Gefühl fürs Auto.

Lotus-Cheftechniker Ducarouge: „Ich habe noch nie einen Fahrer erlebt, der mir solche Aussagen über sein Auto liefern kann. Er hat seine Sensoren überall, mit ihm zu arbeiten, ist für jeden Ingenieur ein Traum.“

Dennoch, die Traditionsmarke rutschte in ein Wellental, aus dem sie bis in die Gegenwart keinen Ausweg fand. Die Lotus-Siege des Ayrton Senna 1987 in Monaco und Detroit werden wohl als die letzten Erfolge des Stalls in die Annalen eingehen.

Senna fehlte bis Ende 1987 nur das richtige Auto, um Champion zu werden. Dann schnürte Mclaren-Chef Ron Dennis das Erfolgspaket McLaren-Honda-Senna, und der Brasilianer konnte den Weltmeister-Titel ernsthaft anpeilen. Jetzt hielt ihn nichts mehr auf. **A.E.**

Ayrton serviert Champagner - und der Fürst duckt sich vor der Dusche, die Teamchef Peter Warr gilt. Ayrton wird der häufigste Gast auf dem Podest des Monaco-Grand-Prix.

Ergebnisse 1985

7.4., Brasilien (Rio de Janeiro)
Pole: Alboreto (I), Ferrari
1. Prost (F), McLaren-TAG-Porsche
2. Alboreto (I), Ferrari
3. de Angelis (I), Lotus-Renault
Senna: Ausfall (Elektronik)

21.4., Portugal (Estoril)
Pole: Senna (BR), Lotus-Renault
1. Senna (BR), Lotus-Renault
2. Alboreto (I), Ferrari
3. Tambay (F), Renault

5.5., San Marino (Imola)
Pole: Senna (BR), Lotus-Renault
1. de Angelis (I), Lotus-Renault
2. Boutsen (B), Arrows-BMW
3. Tambay (F), Renault
Senna: 7. Platz/Ausfall (Spritmangel)

19.5., Monaco (Monte Carlo)
Pole: Senna (BR), Lotus-Renault
1. Prost (F), McLaren-TAG-Porsche
2. Alboreto (I), Ferrari
3. de Angelis (I), Lotus-Renault
Senna: Motorschaden

16.6., Kanada (Montreal)
Pole: de Angelis (I), Lotus-Renault
1. Alboreto (I), Ferrari
2. Johansson (S), Ferrari
3. Prost (F), McLaren-TAG-Porsche
Senna: 16. Platz

23.6., USA-Ost (Detroit)
Pole: Senna (BR), Lotus-Renault
1. Rosberg (SF), Williams-Honda
2. Johansson (S), Ferrari
3. Alboreto (I), Ferrari
Senna: Ausfall

7.7., Frankreich (Le Castellet)
Pole: Rosberg (SF), Williams-Honda
1. Piquet (BR), Brabham-BMW
2. Rosberg (SF), Williams-Honda
3. Prost (F), McLaren-TAG-Porsche
Senna: Ausfall (Motor/Unfall)

21.7., England (Silverstone)
Pole: Rosberg (SF), Williams-Honda
1. Prost (F), McLaren-TAG-Porsche
2. Alboreto (I), Ferrari
3. Laffite (F), Ligier Renault
Senna: 10.Platz/Einspritzung defekt

4.8., Deutschland (Nürburgring)
Pole: Fabi (I), Toleman-Hart
1. Alboreto (I), Ferrari
2. Prost (F), McLaren-TAG-Porsche
3. Laffite (F), Ligier-Renault
Senna: Ausfall

18.8., Österreich (Österreichring)
Pole: Prost (F), McLaren-TAG-Porsche
1. Prost (F), McLaren-TAG-Porsche
2. Senna (BR), Lotus-Renault
3. Alboreto (I), Ferrari

25.8., Niederlande (Zandvoort)
Pole: Piquet (BR), Brabham-BMW
1. Lauda (A), McLaren-TAG-Porsche
2. Prost (F), McLaren-TAG-Porsche
3. Senna (BR), Lotus-Renault

8.9., Italien (Monza)
Pole: Senna (BR), Lotus-Renault
1. Prost (F), McLaren-TAG-Porsche
2. Piquet (BR), Brabham-BMW
3. Senna (BR), Lotus-Renault

15.9., Belgien (Spa)
Pole: Prost (F), McLaren-TAG-Porsche
1. Senna (BR), Lotus-Renault
2. Mansell (GB), Williams-Honda
3. Prost (F), McLaren-TAG-Porsche

6.10., Europa (Brands Hatch)
Pole: Senna (BR), Lotus-Renault
1. Mansell (GB), Williams-Honda
2. Senna (BR), Lotus-Renault
3. Rosberg (SF), Williams-Honda

19.10., Südafrika (Kyalami)
Pole: Mansell (GB), Williams-Honda
1. Mansell (GB), Williams-Honda
2. Rosberg (SF), Williams-Honda
3. Prost (F), McLaren-TAG-Porsche
Senna: Ausfall (Motorschaden)

3.11., Australien (Adelaide)
Pole: Senna (BR), Lotus-Renault
1. Rosberg (SF), Williams-Honda
2. Laffite (F), Ligier-Renault
3. Streiff (F), Ligier-Renault
Senna: Ausfall (Motorschaden)

Fahrer-WM

1. Prost (F), McLaren-TAG-Por.	73 (76)
2. Alboreto (I), Ferrari	53
3. Rosberg (SF), Williams-Honda	40
4. Senna (BR), Lotus-Renault	**38**
5. de Angelis (I), Lotus-Renault	33
6. Mansell (GB), Williams-H.	31
7. Johansson (S), Tyrrell-Ren./F.	26
8. Piquet (BR), Brabham-BMW	21
9. Laffite (F), Ligier-Renault	16
10. Lauda (A), McLaren-TAG-P.	14
11. Tambay (F), Renault	11
Boutsen (B), Arrows-BMW	11
13. Surer (CH), Brabham-BMW	5
Warwick (GB), Renault	5
15. Streiff (F), Ligier-Ligier	4
Bellof (D), Tyrrell-Ren./Ford	4
17. Arnoux (F), Ferrari	3
de Cesaris (I), Ligier-Renault	3
Berger (A), Arrows-BMW	3
Capelli (I), Tyrrell-Ren./Ford	3

Konstrukteurs-WM

1. McLaren (90), 2. Ferrari (82), 3. Williams (71), Lotus (71), 5. Brabham (26), 6. Ligier (23), 7. Renault (16), 8. Arrows (14), 9. Tyrrell (7)

Ergebnisse 1986

23.3., Brasilien (Rio de Janeiro)
Pole: Senna (BR), Lotus-Renault
1. Piquet (BR), Williams-Honda
2. Senna (BR), Lotus-Renault
3. Laffite (F), Ligier-Renault

13.4., Spanien (Jerez)
Pole: Senna (BR), Lotus-Renault
1. Senna (BR), Lotus-Renault
2. Mansell (GB), Williams-Honda
3. Prost (F), McLaren-TAG-Porsche

27.4., San Marino (Imola)
Pole: Senna (BR), Lotus-Renault
1. Prost (F), McLaren-TAG-Porsche
2. Piquet (BR), Williams-Honda
3. Berger (A), Benetton-BMW
Senna: Ausfall

11.5., Monaco (Monte Carlo)
Pole: Prost (F), McLaren-TAG-Porsche
1. Prost (F), McLaren-TAG-Porsche
2. Rosberg (SF), McLaren-TAG-Porsche
3. Senna (BR), Lotus-Renault

25.5., Belgien (Spa)
Pole: Piquet (BR), Williams-Honda
1. Mansell (GB), Williams-Honda
2. Senna (BR), Lotus-Renault
3. Johansson (S), Ferrari

15.6., Kanada (Montreal)
Pole: Mansell (GB), Williams-Honda
1. Mansell (GB), Williams-Honda
2. Prost (F), McLaren-TAG-Porsche
3. Piquet (BR), Williams-Honda
Senna: 5. Platz

22.6., USA-Ost (Detroit)
Pole: Senna (BR), Lotus-Renault
1. Senna (BR), Lotus-Renault
2. Laffite (F), Ligier-Renault
3. Prost (F), McLaren-TAG-Porsche

6.7., Frankreich (Le Castellet)
Pole: Senna (BR), Lotus-Renault
1. Mansell (GB), Williams-Honda
2. Prost (F), McLaren-TAG-Porsche
3. Piquet (BR), Williams-Honda
Senna: Ausfall (Dreher)

13.7., England (Brands Hatch)
Pole: Piquet (BR), Williams-Honda
1. Mansell (GB), Williams-Honda
2. Piquet (BR), Williams-Honda
3. Prost (F), McLaren-TAG-Porsche
Senna: Ausfall (Getriebe)

27.7., Deutschland (Hockenheim)
Pole: Rosberg (SF), McLaren-TAG-P.
1. Piquet (BR), Williams-Honda
2. Senna (BR), Lotus-Renault
3. Mansell (GB), Williams-Honda

10.8., Ungarn (Budapest)
Pole: Senna (BR), Lotus-Renault
1. Piquet (BR), Williams-Honda
2. Senna (BR), Lotus-Renault
3. Mansell (GB), Williams-Honda

17.8., Österreich (Österreichring)
Pole: Fabi (I), Benetton-BMW
1. Prost (F), McLaren-TAG-Porsche
2. Alboreto (I), Ferrari
3. Johansson (S), Ferrari
Senna: Ausfall (Motor)

7.9., Italien (Monza)
Pole: Fabi (I), Benetton-BMW
1. Piquet (BR), Williams-Honda
2. Mansell (GB), Williams-Honda
3. Johansson (S), Ferrari
Senna: Ausfall (Kraftübertragung)

21.9., Portugal (Estoril)
Pole: Senna (BR), Lotus-Renault
1. Mansell (GB), Williams-Honda
2. Prost (F), McLaren-TAG-Porsche
3. Piquet (BR), Williams-Honda
Senna: 4. Platz

12.10., Mexiko (Mexiko)
Pole: Senna (BR), Lotus-Renault
1. Berger (A), Benetton-BMW
2. Prost (F), McLaren-TAG-Porsche
3. Senna (BR), Lotus-Renault

26.10., Australien (Adelaide)
Pole: Mansell (GB), Williams-Honda
1. Prost (F), McLaren-TAG-Porsche
2. Piquet (BR), Williams-Honda
3. Johansson (S), Ferrari
Senna: Ausfall (Motor)

Fahrer-WM

1.	Prost (F), McLaren-TAG-Por.	72 (74)
2.	Mansell (GB), Williams-H.	70 (72)
3.	Piquet (BR), Williams-H.	69
4.	Senna (BR), Lotus-Ren.	55
5.	Johansson (S), Ferrari	23
6.	Rosberg (SF), McLaren-TAG	22
7.	Berger (A), Benetton-BMW	17
8.	Laffite (F), Ligier-Renault	14
	Arnoux (F), Ligier-Renault	14
	Alboreto (I), Ferrari	14
11.	Brundle (GB), Tyrrell-Ren.	8
12.	Jones (AUS), Lola Haas-Ford	4
13.	Streiff (F), Tyrrell-Renault	3
	Dumfries (GB), Lotus-Ren.	3
15.	Fabi (I), Benetton-BMW	2
	Patrese (I), Brabham-BMW	2
	Tambay (F), Lola Haas-Ford	2
18.	Danner (D), Osella/Arrows	1
	Alliot (F), Ligier-Renault	1

Konstrukteurs-WM

1.Williams (141), 2. McLaren (96), 3. Lotus (58), 4. Ferrari (37), 5. Ligier (29), 6. Benetton (19), 7. Tyrrell (11), 8. Lola Haas (6), 9. Brabham (2), 10. Arrows (1)

Ergebnisse 1987

12.4., Brasilien (Rio de Janeiro)
Pole: Mansell (GB), Williams-Honda
1. Prost (F), McLaren-TAG-Porsche
2. Piquet (BR), Williams-Honda
3. Johansson (S), McLaren-TAG
Senna: Ausfall (Motor)

3.5., San Marino (Imola)
Pole: Senna (BR), Lotus-Honda
1. Mansell (GB), Williams-Honda
2. Senna (BR), Lotus-Honda
3. Alboreto (I), Ferrari

17.5., Belgien (Spa)
Pole: Mansell (GB), Williams-Honda
1. Prost (F), McLaren-TAG-Porsche
2. Johansson (S), McLaren-TAG
3. de Cesaris (I), Brabham-BMW
Senna: Unfall mit Mansell

31.5., Monaco (Monte Carlo)
Pole: Mansell (GB), Williams-Honda
1. Senna (BR), Lotus-Honda
2. Piquet (BR), Williams-Honda
3. Alboreto (I), Ferrari

21.6., USA-Ost (Detroit)
Pole: Mansell (GB), Williams-Honda
1. Senna (BR), Lotus-Honda
2. Piquet (BR), Williams-Honda
3. Prost (F), McLaren-TAG-Porsche

5.7., Frankreich (Le Castellet)
Pole: Mansell (GB), Williams-Honda
1. Mansell (GB), Williams-Honda
2. Piquet (BR), Williams-Honda
3. Prost (F), McLaren-TAG-Porsche
Senna: 4. Platz

12.7., England (Silverstone)
Pole: Piquet (BR), Williams-Honda
1. Mansell (GB), Williams-Honda
2. Piquet (BR), Williams-Honda
3. Senna (BR), Lotus-Honda

26.7., Deutschland (Hockenheim)
Pole: Mansell (GB), Williams-Honda
1. Piquet (BR), Williams-Honda
2. Johansson (S), McLaren-TAG
3. Senna (BR), Lotus-Honda

9.8., Ungarn (Budapest)
Pole: Mansell (GB), Williams-Honda
1. Piquet (BR), Williams-Honda
2. Senna (BR), Lotus-Honda
3. Prost (F), McLaren-TAG-Porsche

16.8., Österreich (Österreichring)
Pole: Piquet (BR), Williams-Honda
1. Mansell (GB), Williams-Honda
2. Piquet (BR), Williams-Honda
3. Fabi (I), Benetton-Ford
Senna: 5. Platz

6.9., Italien (Monza)
Pole: Piquet (BR), Williams-Honda
1. Piquet (BR), Williams-Honda
2. Senna (BR), Lotus-Honda
3. Mansell (GB), Williams-Honda

20.9., Portugal (Estoril)
Pole: Berger (A), Ferrari
1. Prost (F), McLaren-TAG-Porsche
2. Berger (A), Ferrari
3. Piquet (BR), Williams-Honda
Senna: 7. Platz

27.9., Spanien (Jerez)
Pole: Piquet (BR), Williams-Honda
1. Mansell (GB), Williams-Honda
2. Prost (F), McLaren-TAG-Porsche
3. Johansson (S), McLaren-TAG
Senna: 5. Platz

18.10., Mexiko (Mexiko)
Pole: Mansell (GB), Williams-Honda
1. Mansell (GB), Williams-Honda
2. Piquet (BR), Williams-Honda
3. Patrese (I), Brabham-BMW
Senna: Ausfall (Dreher)

1.11., Japan (Suzuka)
Pole: Berger (A), Ferrari
1. Berger (A), Ferrari
2. Senna (BR), Lotus-Honda
3. Johansson (S), McLaren-TAG

15.11., Australien (Adelaide)
Pole: Berger (A), Ferrari
1. Berger (A), Ferrari
2. Alboreto (I), Ferrari
3. Boutsen (B), Benetton-Ford
Senna: disqual. (Bremsleitungen)

Fahrer-WM

1.	Piquet (BR),Williams-Honda	73(76)
2.	Mansell (GB), Williams-H.	61
3.	Senna (BR), Lotus-Honda	57
4.	Prost (F), McLaren-TAG-Por.	46
5.	Berger (A), Ferrari	36
6.	Johansson (S), McLaren-TAG	30
7.	Alboreto (I), Ferrari	17
8.	Boutsen (B), Benetton-Ford	16
9.	Fabi (I), Benetton Ford	12
10.	Cheever (USA), Arrows-Meg.	8
11.	Palmer (GB), Tyrell-Ford	7
	Nakajima (J), Lotus-Honda	7
13.	Patrese (I), Williams-Honda	6
14.	de Cesaris (I), Brabh.-BMW	4
	Streiff (F), Tyrrell-Ford	4
16.	Warwick (GB), Arrows-Meg.	3
	Alliot (F), Lola-Ford	3
18.	Brundle (GB), Zakspeed	2
19.	Arnoux (F), Ligier-Megatron	1
	Capelli (I), March-Ford	1
	Moreno (BR), AGS-Ford	1

Konstrukteurs-WM

1. Williams (137), 2. McLaren (76), 3. Lotus (64), 4. Ferrari (53), 5. Benetton (28), 6. Tyrrell (11), Arrows (11), 8. Brabham (10), 9. Lola (3), 10. Zakspeed (2), 11. March (1), Ligier (1), AGS (1)

Vierzig Mitarbeiter und drei Rennwagen: Das McLaren-Team mit den Piloten Ayrton Senna und Gerh
Leute für das Team, das mit 100 Mio. Dollar Jahresetat zu den reichsten Rennställen gehört. Mit seine

rger. Chef Ron Dennis lächelt von den hinteren Rängen (linker Wagen). Insgesamt arbeiten rund 200
erletzten Sieg, 1993 in Adelaide, macht Senna McLaren zum erfolgreichsten Stall der F1-Geschichte.

Kampfgeist, Siegeswille, Ehrgeiz: Nach den Lernjahren bei Toleman und Lotus ist Ayrton Senna reif f
und „Erzrivalen" Alain Prost. 1991 (Foto) bekommt er den dritten Weltmeisterschaftspokal und deklass

Spitzenteam McLaren. Gleich im ersten Jahr holt er den Weltmeistertitel vor seinem Teamgefährten
t. Aber da ist schon ein anderes Team auf dem Wege, an McLaren vorbeizuziehen: Williams-Renault.

Marlboro
McLAREN INTERNATIONAL
Ron Dennis

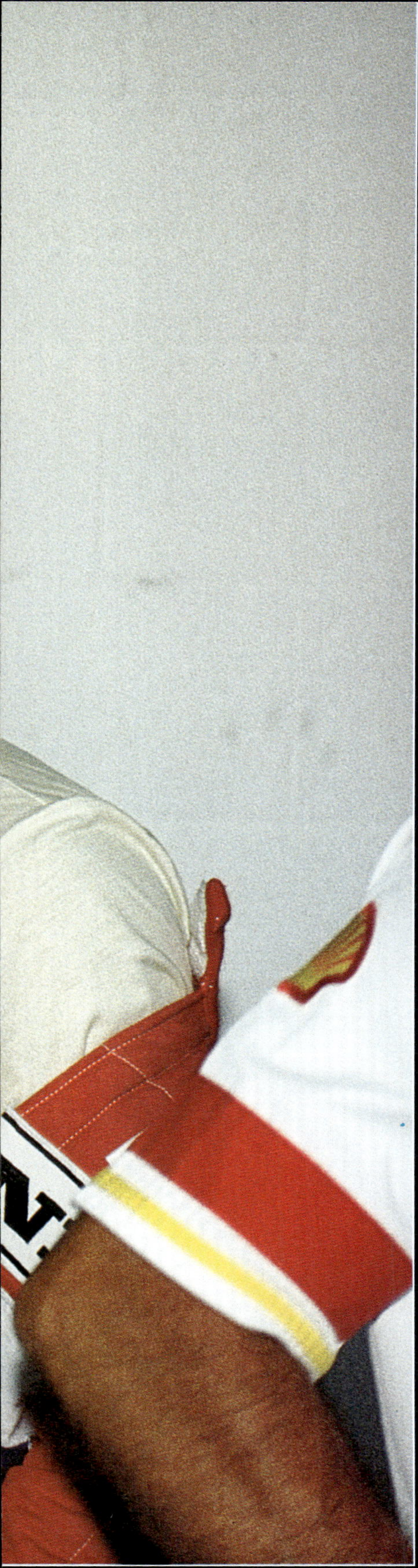

Ron Dennis:

Ich werde ihn sehr vermissen

Von 1988 bis 1993 fuhr Ayrton Senna für das Team McLaren. In diese Zeit fielen seine größten Erfolge. 35 seiner 41 Grand-Prix-Siege und die drei WM-Titel erzielte er am Steuer von Boliden dieses Teams. McLaren-Chef Ron Dennis nach Sennas Tod:

Ayrton Senna war ein ganz außergewöhnlicher Rennfahrer. Seine Fähigkeiten, seine taktische Geschicklichkeit, seine Sensibilität und sein Mut waren von solcher Größe, daß er weit über seinen Konkurrenten stand.

Mit McLaren gewann er drei Weltmeisterschaftstitel, und damit erfreute er nicht nur alle Mitglieder des Teams, sondern zusätzlich Millionen von Menschen. Für mich aber war er mehr als das, mehr als ein Weltmeister, mehr als ein erfolgreicher Geschäftsmann. Für mich war er ein Freund.

Freundschaften entstehen auf so unterschiedliche Art und Weise, und sie bedeuten jedem etwas anderes. Ayrton und ich kämpften viel und stritten noch mehr - manchmal ignorierten wir uns gegenseitig. Das alles, weil wir vom gleichen Willen zum Sieg verzehrt wurden, und das total.

Aus der gemeinsamen Leidenschaft wuchs gegenseitiger Respekt. Aber unverändert versuchten wir, uns zu übertreffen. Schließlich stellten wir fest, daß wir dem Sport gleichermaßen stark verpflichtet sind. Da begann unsere Freundschaft, zunächst zögerlich, dann wurde sie immer stärker.

Die Freundschaft, entsprungen aus der Hitze des Kampfes um Erfolg, bedeutete mir sehr viel. Eigentlich bin ich kein gefühlsbetonter Mensch. Ayrton war das auch nicht. Aber während der Grand-Prix-Wochenenden empfanden wir beide sehr tiefe Gefühle. Ich werde ihn sehr vermissen."

1988-89 McLaren Honda

Bilanz
Ayrton Senna:

1988: 90 (94) Punkte, Weltmeister

1989: 60 Punkte, WM-Zweiter

Teamkollege:
Alain Prost (F)

1988: 87 (105) Punkte, WM-Zweiter

1989: 76 (81) Punkte, Weltmeister

1989: McLaren-Honda MP 4/5

1988: McLaren-Honda MP 4/4

In Imola holt sich Ayrton Senna den ersten Pokal des Jahres. Er steht 1988 noch zehn Mal auf dem Treppchen.

Im September 1987 wurde offiziell, was schon Wochen vorher ein aufruhrerregendes Gerücht war: Honda verließ Williams. Trotz zwanzig gemeinsamer Siege wechselte der japanische Motorenhersteller das Team - ab 1988 lieferte er seine Aggregate an McLaren aus.

McLaren-Chef Ron Dennis hatte mit Weitblick die Weichen für die Zukunft gestellt. Er hatte seit 1984 Prost als logischen Lauda-Nachfolger aufgebaut. Jetzt war für ihn Senna der Mann, der Prost zum Äußersten treiben und ihn letztlich entbehrlich machen sollte.

Senna, der sich vier Jahre zuvor noch nicht reif für den angebotenen McLaren-Vertrag gefühlt hatte, griff nun zu. Er wähnte sich im einzigen Auto, das IHN verdiente: in einem McLaren-Honda.

1988 war das letzte Jahr der Turbo-Ära. Der Ladedruck wurde auf 2,5 bar, der Tankinhalt auf 150 Liter reduziert. Die WM wurde ein Solo für zwei: Senna und Prost.

Wäre Senna in Monza nicht beim Überrunden über den Williams von Schlesser gestolpert, hätte McLaren alle 16 Rennen des Jahres gewonnen. So hieß der Sieger von Monza Berger auf Ferrari. Ron Dennis verfehlte sein angepeiltes Saisonziel von 16 McLaren-Siegen haarscharf.

Senna/Prost saßen an jedem Wochenende stundenlang im McLaren-Motorhome. Die Stunden tröpfelten für sie in der trauten Zweisamkeit einer U-Boot Atmosphäre dahin. Prost und Senna waren immer abgeschirmt, immer auf engstem Raum kaser-

1988 Am Ziel: Weltmeister. Der erste Titel

Selten war ein Rennauto so überlegen, wie der McLaren von 1988. Senna und Prost gewinnen alle Rennen - außer einem.

Solo für zwei: Die WM 1988 holen Prost und Senna im Alleingang. Nach ein paar harten Attacken gibt sich Prost geschockt: „Ich hätte nicht gedacht, wie sehr du den Titel willst."

Silverstone: Gerhard Berger hat die Pole Position erobert, zieht davon. Aber er kann sich nicht lang erwehren, der wieder einmal seinen Wagen wie auf Schienen durch die Wasserschwaden zum Sieg

niert, immer auf Tauchstation, und sie arbeiteten an der Weiterentwicklung ihrer Waffen, die sie dann gegeneinander abfeuerten.

Damit sie sich im U-Boot nicht einen Lagerkoller holten, verwöhnte sie McLaren-Boss Ron Dennis wenigstens am Abend: Er ließ sie in den besten Hotels logieren. Ihr Taxi zur Rennstrecke war der Hubschrauber.

Prost/Senna waren eine Formel-1-Seilschaft, bei der man sich lange fragte, wer den Gipfel wohl als erster betreten würde.

„Sie werden sich noch zerfleischen." Diese von Niki Lauda zu Saisonanfang erstellte Prognose über das McLaren-Wetter, erwies sich monatelang als nicht zutreffend.

„Ganz im Gegenteil", ereiferte sich Ron Dennis' Partner Creighton-Brown, „sowas von Friede wie zwischen den beiden, es ist kaum zu glauben."

Brown verglich: „Prost/Senna, das ist ein Team wie zuvor Lauda/Prost. Mit dem Unterschied der vertauschten Rollen. Senna spielt heute die Prost-Rolle des hungrigen Fighters, Prost mimt heute den Niki, den Mann, der über den Dingen steht. Niki sah sich von Prost gefordert wie noch nie, heute sieht sich Prost von Senna gepuscht wie noch nie zuvor in seiner Karriere."

Prost gab sich noch lässig: „Ich habe alles hinter mir, wofür der andere noch kämpfen muß." Der Franzose ahnte nicht, daß

r Angriffe von „Regenkönig" Ayrton
nrt.

er in Wirklichkeit alles vor sich hatte, nämlich die schlimmsten Zeiten seiner Karriere.

Senna stand 1988 13 Mal auf Pole-Position, er gewann acht Rennen. Prost schaffte nur zweimal Pole und sieben Siege. Eine frustrierende Bilanz für den Mann, der gerade zweimal - 1985 und 86 - für dieses Team den WM-Titel geholt hatte.

Die McLaren-Honda-Überlegenheit war 1988 lähmend. Nach jedem Rennen saßen Senna/Prost im Pressezentrum und versuchten den Journalisten weiszumachen, wie schwierig alles gewesen sei. Prost lobte Senna, Senna gab die Komplimente zurück. Immer die gleichen Worthülsen aneinander gestoppelt, immer die gleichen Aussagen, weit und breit kein Gegner in Sicht.

Senna machte noch Fehler. Als er in Monaco mit 49 Sekunden Vorsprung in Führung lag

Konzentrationsschwäche

und nur noch 12 Runden abzudrehen waren, passierte ihm bei der Verlangsamung seiner Rundenzeit ein kapitaler Verlust an Konzentration. Der McLaren bumste in die Leitschiene. Prost, den Senna nicht bloß abgehängt, sondern geradezu gedemütigt hatte, fuhr mit einem Lachkrampf an Sennas havariertem Auto vorbei zum Sieg.

Senna war reif für den Psychiater. Dieser Monaco-Fehler bedrückte ihn wochenlang, so als hätte ihm jemand gesagt: Sie haben Krebs, es sieht nicht gut aus.

„Daheim, im Kreise meiner Familie, habe ich diese Krise überwunden", hat Senna später einmal gesagt.

In Suzuka wurde Senna Automobilweltmeister 1988.

Zwei Tage später traf ich ihn, im Club Med auf Bali. Er war den Feierlichkeiten nach seinem WM-Sieg nicht sofort entkommen. Aber er hatte sich befreit, wollte weg, vergessen, sich irgendwo verstecken, ausruhen, keine Interviews, kein Racing, die leeren Batterien aufladen.

Nachmittags ist Fußball-Zeit. Ein herrlicher Rasen, die Sonne ist unerbittlich. Die Kicker formieren sich. Die T-Shirts spielen gegen die entblößten Oberkörper. Senna geht bei den T-Shirts ins Tor, das scheint ihm am sichersten. Er hält ein paar schwere Schüsse, reaktionsschnell ist er, das braucht man wohl nicht zu erwähnen. Bei einem Volleyschuß aus nächster Nähe fährt Senna dennoch zu spät seine Fäuste aus, der Ball haut gegen die flache Hand. Er bekommt Schmerzen, spielt zu Ende. Sein Masseur Jo Leberer holt einen Kübel Eis. Senna ist besorgt um seine Schalt-Hand.

Er ist scheu wie ein Reh, läßt sich wenig blicken, er läuft, krault durch den Pool, spielt Tischtennis mit der linken Hand. Er schläft viel, der neue Weltmeister.

Einige Tage später sitzen wir mit ihm an einem weißen Tisch, vor uns eine kleine grüne Landzunge, ins türkisblaue Meer vorgeschoben. Hohe Palmen machen das ganze zu einer Säulenhalle. An der Mauer, die diesen grünen Fleck umgürtet, stehen dämonisch wirkende Götterfiguren aus Stein. Stereo-Boxen entlassen klassische Musik.

In so einem Rahmen habe ich noch nie mit einem Rennfahrer gesprochen. „Musik stimuliert mich, füllt einen leeren Raum aus, in dem man oft leben muß", sagt er. Er ist gertenschlank und sehr braun, sein Blick wirkt klar. Erstmals läßt er seine Zugbrücke herab, damit wir die Mauer, die er um sich errichtet hatte, überschreiten können.

Ein perfektgeschürtes Paket: Ayrton Senna und der McLaren mit dem Honda-Motor.
Nach dem Wechsel von Lotus zu McLaren wird der gelbe Helm zum Siegessymbol.

Es gab damals die vieldiskutierte Frage, ob die Japaner in Estoril und Jerez – wo Prost gewann – eine elektronische Manipulation bei Senna vorgenommen hätten, damit die WM nicht schon vor Suzuka entschieden werde.

Senna: „Es hat keine Manipulation gegeben. Ich arbeite jetzt die zweite Saison mit Honda, ich lernte die Japaner verstehen, ich kenne ihre Mentalität. Sie hätten nie ihr Image, das sie in der Formel 1 erlangt haben, durch eine Manipulation aufs Spiel gesetzt. Ich saß immer noch in jenem Auto, das in Monza in die Kollision mit Schlesser verwickelt war. Dabei hat sich einiges unsichtbar am Rumpf-Bug verschoben. Daraus ergaben sich Handling-Probleme."

In Suzuka mußte Senna wie nie zuvor um den Sieg kämpfen,

„Ich sagte mir go, go, go"

der ihm den ersten Titel brachte. „Dieser Tag", erzählte er unter den Palmen, „war ein unglaublicher Tag. Zuerst Pole, dann ein schlechter Start. Ich hatte schon alles verloren und fand dennoch Kraft zum Kämpfen, ich mußte mit maximaler Aggression fahren, ohne mich in Fehler zu verstricken. Es war einer von diesen Tagen, wo alles aus dir rauskommt, deine ganzen natürlichen Fähigkeiten kommen hervor, einer dieser Tage, die du nicht immer findest. Ich sagte mir go, go, go und dann war ich am Ziel." **H.Z.**

Ergebnisse 1988

3.4., Brasilien (Rio de Janeiro)
Pole: Senna (BR), McLaren-Honda
1. Prost (F), McLaren-Honda
2. Berger (A), Ferrari
3. Piquet (BR), Lotus-Honda
Senna: disqualifiziert (illegaler Fahrzeugwechsel)

1.5., San Marino (Imola)
Pole: Senna (BR), McLaren-Honda
1. Senna (BR), McLaren-Honda
2. Prost (F), McLaren-Honda
3. Piquet (BR), Lotus-Honda

15.5., Monaco (Monte Carlo)
Pole: Senna (BR), McLaren-Honda
1. Prost (F), McLaren-Honda
2. Berger (A), Ferrari
3. Alboreto (I), Ferrari
Senna: Unfall

29.5., Mexiko (Mexiko)
Pole: Senna (BR), McLaren-Honda
1. Prost (F), McLaren-Honda
2. Senna (BR), McLaren-Honda
3. Berger (A), Ferrari

12.6., Kanada (Montreal)
Pole: Senna (BR), McLaren-Honda
1. Senna (BR), McLaren-Honda
2. Prost (F), McLaren-Honda
3. Boutsen (B), Benetton-Ford

19.6., USA-Ost (Detroit)
Pole: Senna (BR), McLaren-Honda
1. Senna (BR), McLaren-Honda
2. Prost (F), McLaren-Honda
3. Boutsen (B), Benetton-Ford

3.7., Frankreich (Le Castellet)
Pole: Prost (F), McLaren-Honda
1. Prost (F), McLaren-Honda
2. Senna (BR), McLaren-Honda
3. Alboreto (I), Ferrari

10.7., England (Silverstone)
Pole: Berger (A), Ferrari
1. Senna (BR), McLaren-Honda
2. Mansell (GB), Williams-Judd
3. Nannini (I), Benetton-Ford

24.7., Deutschland (Hockenheim)
Pole: Senna (BR), McLaren-Honda
1. Senna (BR), McLaren-Honda
2. Prost (F), McLaren-Honda
3. Berger (A), Ferrari

7.8., Ungarn (Budapest)
Pole: Senna (BR), McLaren-Honda
1. Senna (BR), McLaren-Honda
2. Prost (F), McLaren-Honda
3. Boutsen (B), Benetton-Ford

28.8., Belgien (Spa)
Pole: Senna (BR), McLaren-Honda
1. Senna (BR), McLaren-Honda
2. Prost (F), McLaren-Honda
3. Capelli (I), March-Judd

11.9., Italien (Monza)
Pole: Senna (BR), McLaren-Honda
1. Berger (A), Ferrari
2. Alboreto (I), Ferrari
3. Cheever (USA), Arrows Megatron
Senna: Unfall

25.9., Portugal (Estoril)
Pole: Prost (F), McLaren-Honda
1. Prost (F), McLaren-Honda
2. Capelli (I), March-Judd
3. Boutsen (B), Benetton-Ford
Senna: 6. Platz

2.10., Spanien (Jerez)
Pole: Senna (BR), McLaren-Honda
1. Prost (F), McLaren-Honda
2. Mansell (GB), Williams-Judd
3. Nannini (I), Benetton-Ford
Senna: 4. Platz

30.10., Japan (Suzuka)
Pole: Senna (BR), McLaren-Honda
1. Senna (BR), McLaren-Honda
2. Prost (F), McLaren-Honda
3. Boutsen (B), Benetton-Ford

13.11., Australien (Adelaide)
Pole: Senna (BR), McLaren-Honda
1. Prost (F), McLaren-Honda
2. Senna (BR), McLaren-Honda
3. Piquet (BR), Lotus-Honda

Fahrer-WM

1. Senna (BR), McLar.-Honda	90 (94)
2. Prost (F), McLar.-Honda	87 (105)
3. Berger (A), Ferrari	41
4. Boutsen (B), Benetton-Ford	27
5. Alboreto (I), Ferrari	24
6. Piquet (BR), Lotus-Honda	22
7. Capelli (I), March-Judd	17
Warwick (GB), Arrows-Meg.	17
9. Nannini (I), Benetton-Ford	12
Mansell (GB), Williams-Judd	12
11. Patrese (I), Williams-Judd	8
12. Cheever (USA), Arrows-M.	6
13. Gugelmin (BR), March-Judd	5
Palmer (GB), Tyrrell-Ford	5
15. de Cesaris (I), Rial-Ford	3
16. Martini (I), Minardi-Ford	1
Nakajima (J), Lotus-Honda	1

(In Klammern der Punktestand ohne Streichresultate)

Konstrukteurs-WM

1. McLaren (199), 2. Ferrari (65), 3. Benetton (39), 4. Lotus (23), Arrows (23), 6. March (22), 7. Williams (20), 8. Tyrrell (5), 9. Rial (3), 10. Minardi (1)

Alain Prost, fünf Jahre älter, war schon zweimal Champ, als Senna ins McLaren-Team kam. 1988 konn

noch miteinander lachen, 1989 und 1990 boxten sie sich in den entscheidenden Läufen von der Piste.

Der Beginn der Fehde zwischen den McLaren-Piloten. Senna überholt Prost beim Grand Prix von Sa

1989 Der Bruch

Am Ende der Saison reden Alain Prost und Ayrton Senna nicht mehr miteinander. Prost über Senna: „Er glaubt, er ist unsterblich, weil er an Gott glaubt."

arino in der Tosa-Kurve. Damit verletzt er laut Prost ein Agreement, das beide geschlossen haben.

Es war das erste Jahr der neuen Saugmotor-Formel. In dieser Saison brach die Arbeitsgemeinschaft Senna/Prost auseinander: Senna demontierte Napoleon. Es gab ab Imola keinen Dialog mehr zwischen den beiden. Nach einem schweren Feuerunfall Gerhard Bergers ausgangs der Tamburello-Kurve wurde neu gestartet. Die McLaren-Piloten hatten sich geeinigt: Wer in der ersten Kurve die Nase vorn hätte, dürfe siegen. Prost lag im Tamburello-Bogen vorne. Unverhofft überholte ihn Senna gleich darauf in der Tosa-Kurve und gab die Führung bis zum Ende nicht mehr auf.

Prost beschuldigte Senna, er habe die interne Abmachung gebrochen. Prost ging damit in die Öffentlichkeit, wie das seine Art war. Senna hingegen schwieg, wie das seine Art war.

Erst viel später ließ er durchblicken, er habe in Imola einfach an Prost vorbeischießen müssen: „Als Selbstschutz, denn er hat so früh gebremst, daß andere mitgezogen hätten, wäre ich nicht vorbeigestochen." Und

1987 hatte Ayrton Senna in Monaco gesiegt. 1989 steht er wieder vor der Fürstenfamilie. Und von nun an Jahr für Jahr - fünfmal in Folge gewinnt er den wichtigsten GP-Lauf.

außerdem, so fährt er fort, sei die Tamburello-Kurve gar keine richtige Kurve …

Prost konnte Senna im gleichen Auto nicht mehr Paroli bieten. Daraufhin eröffnete er einen Psychokrieg. Er unterstellte Honda, daß die Japaner für Senna mehr Leistung mobilisieren würden. Honda griff in die Computerauszüge und trat den Gegenbeweis an. Aus den Belegen ging hervor, daß Prost in schnellen Mut-Passagen auf Senna Zeit verlor: Wie in der zweiten Lesmo-Kurve von Monza, wo ihm 24 km/h auf Senna fehlten.

Prost konterte: Honda könne alles, somit auch die Computer-Ausdrucke fälschen. Er sprach ständig von Manipulation. Senna blieb stumm und artikulierte sich in der Sprache, die er am besten beherrschte: Mit Leistung. „Ich möchte der absoluten Perfektion ganz nahe sein", hörte man von Senna.

Wenn Senna nach einer Fabelzeit vor dem Monitor die Zeiten der Konkurrenz studierte, dann blickte er mit einer Ruhe und Vertiefung auf den Bildschirm, als würde er durch ein Mikroskop schauen.

Seine Hingabe war atemberaubend. Wie konnte ein Mensch, der soeben die Pole-Position holte, und Senna holte eine nach der anderen, nachher ohne sichtbare Erregung so unterkühlt sein? Er saß bloß da, wie aus der Gefriertruhe entnommen.

In Rio hatte Gerhard Berger - noch auf Ferrari - mit Senna

„Man darf beim Senna nicht immer nachgeben"

gleich in der ersten Kurve eine Kollision. Berger meinte damals: „Man darf beim Senna nicht immer nachgeben."

In Estoril kam es zu einer spektakulären Kollision Mansell/Senna. Gerhard Berger bemerkte später dazu: „Der Senna akzeptiert nicht, daß jemand noch später bremsen kann als er …"

Dennoch entwickelte sich Berger mehr und mehr zum Fan des ungleichen Kollegen. Nichts würde den Unterschied zwi-

Ende der WM 89: Nach einer Kollision in Suzuka steigt Prost aus, fühlt sich als Champ. Senna fährt weiter, siegt - und wird disqualifiziert. Er spricht von einer Verschwörung.

schen Senna und ihm besser dokumentieren, als der Lesestoff, den sich beide auf ihrem Flug nach Japan zu Gemüte führten.

Berger las Playboy.

Senna las die Bibel.

Bis Japan hatte sich das Duell Senna/Prost derart zugespitzt, daß Senna alles riskieren mußte, um zu gewinnen. Prost mußte nur eines: Diesen Sieg verhindern. Was er am langsamsten Punkt der Strecke auch tatsächlich tat.

Ausgerechnet in diesem für Senna wichtigsten Rennen der Saison, in Suzuka, brauchte er 46 Runden, um Prost einzuholen.

Professor Prost hatte auf den Millimeter genau die optimalere Flügeleinstellung getroffen.

In der Schikane kam es zu jener Kollision, die eine schwere Beschädigung für die ganze Weltmeisterschaft werden sollte. Prost blieb auf dem Gas, obwohl er wußte, daß es krachen würde. Er wußte eben auch: Wenn beide ausfielen, war die WM entschieden - für ihn.

Prost und Senna verhängten sich seitlich. Prost stieg aus, Senna ließ sich zweimal wegschieben, er brachte den Motor in Gang und nahm das Rennen durch den Notausgang der Schikane wieder auf. Senna fuhr so schnell er konnte an die Box, holte sich neue Bugflügel. Er warf sich auf den führenden Nannini, überholte ihn drei Runden vor Schluß und ging als Erster durchs Ziel.

Dann wurde Senna jedoch ausgeschlossen. Begründung: Er habe die Schikane ausgelassen. Nannini wurde zum provisorischen Sieger, Prost zum provisorischen Weltmeister erklärt.

Neun Tage später schmetterte die FIA die McLaren-Berufung ab. Womit Alain Prost offiziell Weltmeister 1989 war. Senna explodierte. Auf einer Pressekonferenz, die in die Annalen einging, konnte er dem Druck nicht mehr Einhalt gebieten. Er zog über den Weltverband FIA her, der durch seine frankophile Beherrschung den Franzosen Prost begünstigt habe. Die größte Dusche erhielt FIA-Präsident Jean Marie Balestre, der Senna daraufhin die Lizenz für das nächste Jahr entziehen ließ.

Ergebnisse 1989

26.3., Brasilien (Rio de Janeiro)
Pole: Senna (BR), McLaren-Honda
1. Mansell (GB), Ferrari
2. Prost (F), McLaren-Honda
3. Gugelmin (BR), March-Judd
Senna: Ausfall

23.4., San Marino (Imola)
Pole: Senna (BR), McLaren-Honda
1. Senna (BR), McLaren-Honda
2. Prost (F), McLaren-Honda
3. Nannini (I), Benetton-Ford

7.5., Monaco (Monte Carlo)
Pole: Senna (BR), McLaren-Honda
1. Senna (BR), McLaren-Honda
2. Prost (F), McLaren-Honda
3. Modena (I), Brabham-Judd

28.5., Mexiko (Mexico)
Pole: Senna (BR), McLaren-Honda
1. Senna (BR), McLaren-Honda
2. Patrese (I), Williams-Renault
3. Alboreto (I), Tyrrell-Ford

4.6., USA (Phoenix)
Pole: Senna (BR), McLaren-Honda
1. Prost (F), McLaren-Honda
2. Patrese (I), Williams-Renault
3. Cheever (USA), Arrows-Ford
Senna: Ausfall (Elektronik)

18.6., Kanada (Montreal)
Pole: Prost (F), McLaren-Honda
1. Boutsen (B), Williams-Renault
2. Patrese (I), Williams-Renault
3. de Cesaris (I), Dallara-Ford
Senna: 7. Platz/Ausfall (Motor)

9.7., Frankreich (Le Castellet)
Pole: Prost (F), McLaren-Honda
1. Prost (F), McLaren-Honda
2. Mansell (GB), Ferrari
3. Patrese (I), Williams-Renault
Senna: Ausfall (Kraftübertragung)

16.7., England (Silverstone)
Pole: Senna (BR), McLaren-Honda
1. Prost (F), McLaren-Honda
2. Mansell (GB), Ferrari
3. Nannini (I), Benetton-Ford
Senna: Ausfall (Dreher/Getriebe)

30.7., Deutschland (Hockenheim)
Pole: Senna (BR), McLaren-Honda
1. Senna (BR), McLaren-Honda
2. Prost (F), McLaren-Honda
3. Mansell (GB), Ferrari

13.8., Ungarn (Budapest)
Pole: Patrese (I), Williams-Renault
1. Mansell (GB), Ferrari
2. Senna (BR), McLaren-Honda
3. Boutsen (B), Williams-Renault

27.8., Belgien (Spa)
Pole: Senna (BR), McLaren-Honda
1. Senna (BR), McLaren-Honda
2. Prost (F), McLaren-Honda
3. Mansell (GB), Ferrari

10.9., Italien (Monza)
Pole: Senna (BR), McLaren-Honda
1. Prost (F), McLaren-Honda
2. Berger (A), Ferrari
3. Boutsen (B), Williams-Renault
Senna: Ausfall (Motor)

24.9., Portugal (Estoril)
Pole: Senna (BR), McLaren-Honda
1. Berger (A), Ferrari
2. Prost (F), McLaren-Honda
3. Johansson (S), Onyx-Ford
Senna: Ausfall (Kollision mit Mansell)

1.10., Spanien (Jerez)
Pole: Senna (BR), McLaren-Honda
1. Senna (BR), McLaren-Honda
2. Berger (A), Ferrari
3. Prost (F), McLaren-Honda

22.10., Japan (Suzuka)
Pole: Senna (BR), McLaren-Honda
1. Nannini (I), Benetton-Ford
2. Patrese (I), Williams-Renault
3. Boutsen (B), Williams-Renault
Senna: disqualifiziert

5.11., Australien (Adelaide)
Pole: Senna (BR), McLaren-Honda
1. Boutsen (B), Williams-Renault
2. Nannini (I), Benetton-Ford
3. Patrese (I), Williams-Renault
Senna: Ausfall (Kollision mit Brundle)

Fahrer-WM

1. Prost (F), McLaren-Honda	76 (81)
2. Senna (BR), McLaren-Honda	60
3. Patrese (I), Williams-Renault	40
4. Mansell (GB), Ferrari	38
5. Boutsen (B), Williams-Ren.	37
6. Nannini (I), Benetton-Ford	32
7. Berger (A), Ferrari	21
8. Piquet (BR), Lotus-Judd	12
9. Alesi (F), Tyrrell-Ford	8
10. Warwick (GB), Arrows-Ford	7
11. Johansson (S), Onyx-Ford	6
Alboreto (I), Tyrrell-Ford	6
Cheever (USA), Arrows-Ford	6
14. Herbert (GB), Tyrrell-Ford	5
Martini (I), Minardi-Ford	5
16. Gugelmin (BR), March-Judd	4
Modena (I), Brabham-Judd	4
de Cesaris (I), Dallara-Ford	4
Caffi (I), Dallara-Ford	4
Brundle (GB), Brabham-Judd	4
21. Danner (D), Rial-Ford	3
Nakajima (J), Lotus-Judd	3
23. Arnoux (F), Ligier-Ford	2
Palmer (GB), Tyrrell-Ford	2
Pirro (I), Benetton-Ford	2
26. Tarquini (I), AGS-Ford	1
Grouillard (F), Ligier-Ford	1
Perez-Sala (E), Minardi-Ford	1
Alliot (F), Lola-Lamborghini	1

(In Klammern der Punktestand ohne Streichresultate)

Prost rechtfertigte sich nach der Kollision mit Senna so: „Oft genug habe ich ihm die Türe offen gelassen, doch diesmal war ich dazu nicht gewillt. Senna will nie wahrhaben, daß er irgendwo NICHT gewinnen kann, daß er irgendwo NICHT überholen kann."

Unter all den Kommentaren, die nach der Kollision von Suzuka herumschwirrten, sollte man einen weiteren zitieren. Einen von Prost: „Ayrton hat ein kleines Problem. Er glaubt, er ist unsterblich, weil er an Gott glaubt."

In Adelaide, beim letzten Lauf des Jahres 1989, führte Senna mit 20 Sekunden Vorsprung, als er im strömenden Regen den Brabham von Brundle übersah. „Es war der größte Schreck meines Lebens", sagte er nach dem Aus offen.

Senna zog sich Ende 1989 nach Brasilien zurück. Letzter Kernsatz, bevor er auf seiner Insel untertauchte, nicht wußte, ob er jemals in die Formel 1 zurückkehren würde, beleidigt, von den französischen Machthabern der Sport-Politik zerstört: „Prost begann mich zu hassen, als er realisierte, daß er mich nicht mehr besiegen konnte."

Prost flüchtete mit seinem Senna-Komplex zu Ferrari. Und Gerhard Berger heuerte 1990 bei McLaren an. **H.Z.**

Konstrukteurs-WM

1. McLaren (141), 2. Williams (77), 3. Ferrari (59), 4. Benetton (39), 5. Tyrrell (16), 6. Lotus (15), 7. Arrows (18), 8. Dallara (8), Brabham (8), 10. Minardi (6), Onyx (6), 12. March (4), 13. Rial (3), Ligier (3), 15. AGS (1), Lola (1)

Arbeitsplatz eines Weltmeisters: Sennas Cockpit im McLaren 1991.

1990-92 McLaren Honda

Teamkollege:
Gerhard Berger (A)

1990: 43 Punkte
1991: 43 Punkte
1992: 49 Punkte

Bilanz
Ayrton Senna:

1990: 78 Punkte,
Weltmeister

1991: 96 Punkte,
Weltmeister

1992: 50 Punkte,
Platz 4

1991: McLaren-Honda MP 4/6

1992: McLaren-Honda MP 4/7A

1990: McLaren-Honda MP 4/5B

Start in Suzuka. Prosts letzte WM-Chance wäre ein Sieg.

In der ersten Kurve touchiert Senna

1990 Sennas Rache

„Same procedure as last year." Wieder findet das Duell Senna gegen Prost in Suzuka seinen Höhepunkt. Wieder kommt es zur Kollision. Diesmal holt sich Senna eiskalt seinen zweiten Titel.

Den ganzen Winter, der in Brasilien der Sommer ist, hatte Ayrton Senna in São Paulo geschmollt. Die Funktionäre hatten ihn zutiefst verletzt, als sie Prost 1989 zum Weltmeister erklärten. Nie wieder wollte er Rennen fahren.

Der Vorsatz hielt solange, bis die ersten Testfahrten anstanden. Im Februar hielt FISA-Präsident Balestre hochbefriedigt einen Brief in den Händen. Der Absender Ayrton Senna deutete verklausuliert an, daß „weder eine Pressure Group noch der Präsident" den Ausgang der WM 1989 beeinflußt hätten. Erst daraufhin bekam er seine neue Lizenz.

Beim ersten Rennen, in Phoenix 1990, wollte ihm Prost die Hand zur Versöhnung reichen. Senna schlug sie aus.

Man fragte Senna: „Du bist doch ein gläubiger Mensch und weißt, daß in der Bibel steht, man soll auch seinen Feinden vergeben ..."

Sennas Antwort: „Es steht mir nicht zu, ihm zu vergeben. Das wichtigste ist, daß man begreift, ob jemand in seinen Absichten ehrlich ist. Bei Prost war dies nicht der Fall."

Den Platz von Prost im McLaren-Team hat 1990 Gerhard Berger übernommen. Der Österreicher hat Senna nicht nur gemocht, er stand ihm menschlich näher als jeder andere Berufskollege.

Berger: „Ich habe mir lange eingebildet, ich bin - oder werde - der beste Rennfahrer, und dann habe ich eben kapiert, daß kein Weg an Senna vorbeiführt. Alesi hat mir zwei- oder dreimal gesagt, er glaubt, er kann den Senna biegen, und ich hab ihm gesagt, du bist nicht einmal in der Nähe davon. Vielleicht in einer Kurve, klar, das hab ich oft geschafft, in den schnellen Ecken, nur als gesamtes darfst du nicht einmal dran denken. Du

k des Rivalen. Beide Wagen bleiben im Sand stecken. Senna steht damit als Weltmeister fest.

Alain Prost hat den Helm abgenommen. Nie wurde bekannt, was er dem neuen Weltmeister auf dem Weg von der Unfallstelle zur Box sagt. Nette Worte waren es kaum...

Der neue Teamkollege Berger lernt durch Senna, daß Rennen auch durch exakte Boxen-Arbeit gewonnen werden.

In Hockenheim jubeln die Zuschauer dem Weltmeister zu, der einen neuen Sieg an die brasilianische Fahne heftet.

bist viel zu weit von Senna weg. Um diese Gesamtheit geht es. Einen Rennfahrer beurteilst du normalerweise nach seiner Schnelligkeit und seinen Reflexen. Da allein hätte mir Senna

Berger: Senna war zwei Stufen über uns allen

nichts voraus gehabt. Bei ihm war es das Zusammenspiel von Verstand, Konzentration und Kraft. In seiner Fähigkeit, sich zu konzentrieren, war er zwei oder drei Stufen über uns allen anderen."

Während es in den beiden Vorjahren einen harten Titelkampf zwischen den beiden McLaren-Piloten Senna und Prost gab, konnte Gerhard Berger seinem Idol kaum gefährlich werden. Sennas großes Problem blieb Alain Prost, der nun einen Ferrari pilotierte. Das traditionsreiche Team, das in den vergangenen Jahren immer mehr ins Abseits geraten war, stand plötzlich wieder auf den Siegerlisten. Zur Halbzeit führte es gar das Championat an. Fünf der sechs 90er Siege gingen auf das Konto von Prost, nur einmal hatte Teamkollege Nigel Mansell die Nase vorn.

Das vorletzte Rennen der Saison, in Suzuka. Die Karten waren dramatisch gemischt. Senna hatte 78 Punkte, Prost 66. Man brauchte keinen Taschenrechner, um zu erkennen: Nur mit einem Sieg konnte Prost noch eine Chance auf den Titel offenhalten. Jede andere Plazierung würde automatisch Senna zum Weltmeister machen.

Senna war erster im Training, wollte sich seine Pole-Position auf der linken Seite einrichten. Die Funktionäre bestimmten: rechte Seite. Später gestand Senna, daß er sich vorgenommen hatte: „Wenn Prost dadurch Vorteile hat und in der ersten Kurve vor mir ist, schieß ich ihn ab." Eiskalt hatte er die Kollision eingeplant.

Er war zornig über die Ungerechtigkeit, mit der man ihn auf der falschen Seite festgenagelt hatte und immer noch darüber, daß Prost ihm ein Jahr vorher in Suzuka die WM-Titelchance vorsätzlich zerstört hatte.

Das Rennen ging wirklich nur bis zur ersten Kurve, keine

„ I don' t care "

zehn Sekunden lang. Senna touchierte das Heck von Prosts Ferrari. Beide kreiselten im Sand neben der Piste, aus dem es kein Entkommen gab.

Als es geschehen war, fühlte sich Senna wie neugeboren. Was die Welt dachte? Es war ihm völlig egal. „I don't care", war seine häufig verwendete Phrase. „Es interessiert mich nicht."

Er hatte seinen zweiten Weltmeistertitel zu Recht verdient, ohne Zweifel. Aber es war dennoch der Titel, der ihm die meiste Kritik einbrachte.

Selbst Gerhard Berger grübelte: „Es passieren immer wieder Unfälle in der Formel 1 - entweder im Kampfeseifer oder aus Unachtsamkeit. Wirklich Schuldige gibt es nie. Aber es gibt zwei Ausnahmen. Suzuka 1989 und Suzuka 1990." **H.Z.**

Ergebnisse 1990

11.3., USA (Phoenix)
Pole: Berger (A), McLaren-Honda
1. Senna (BR), McLaren-Honda
2. Alesi (F), Tyrrell-Ford
3. Boutsen (B), Williams-Renault

25.3., Brasilien (São Paulo)
Pole: Senna (BR), McLaren-Honda
1. Prost (F), Ferrari
2. Berger (A), McLaren-Honda
3. Senna (BR), McLaren-Honda

13.5., San Marino (Imola)
Pole: Senna (BR), McLaren-Honda
1. Patrese (I), Williams-Renault
2. Berger (A), McLaren-Honda
3. Nannini (I), Benetton-Ford
Senna: Ausfall (defekte Felge/Dreher)

27.5., Monaco (Monte Carlo)
Pole: Senna (BR), McLaren-Honda
1. Senna (BR), McLaren-Honda
2. Alesi (F), Tyrrell-Ford
3. Berger (A), McLaren-Honda

10.6., Kanada (Montreal)
Pole: Senna (BR), McLaren-Honda
1. Senna (BR), McLaren-Honda
2. Piquet (BR), Benetton-Ford
3. Mansell (GB), Ferrari

24.6., Mexiko (Mexiko)
Pole: Berger (A), McLaren-Honda
1. Prost (F), Ferrari
2. Mansell (GB), Ferrari
3. Berger (A), McLaren-Honda
Senna: 20. Platz/geplatzter Reifen

8.7., Frankreich (Le Castellet)
Pole: Mansell (GB), Ferrari
1. Prost (F), Ferrari
2. Capelli (I), March-Judd
3. Senna (BR), McLaren-Honda

15.7., England (Silverstone)
Pole: Mansell (GB), Ferrari
1. Prost (F), Ferrari
2. Boutsen (B), Williams-Renault
3. Senna (BR), McLaren-Honda

29.7., Deutschland (Hockenheim)
Pole: Senna (BR), McLaren-Honda
1. Senna (BR), McLaren-Honda
2. Nannini (I), Benetton-Ford
3. Berger (A), McLaren-Honda

12.8., Ungarn (Budapest)
Pole: Boutsen (B), Williams-Renault
1. Boutsen (B), Williams-Renault
2. Senna (BR), McLaren-Honda
3. Piquet (BR), Benetton-Ford

26.8., Belgien (Spa)
Pole: Senna (BR), McLaren-Honda
1. Senna (BR), McLaren-Honda
2. Prost (F), Ferrari
3. Berger (A), McLaren-Honda

9.9., Italien (Monza)
Pole: Senna (BR), McLaren-Honda
1. Senna (BR), McLaren-Honda
2. Prost (F), Ferrari
3. Berger (A), McLaren-Honda

23.9., Portugal (Estoril)
Pole: Mansell (GB), Ferrari
1. Mansell (GB), Ferrari
2. Senna (BR), McLaren-Honda
3. Prost (F), Ferrari

30.9., Spanien (Jerez)
Pole: Senna (BR), McLaren-Honda
1. Prost (F), Ferrari
2. Mansell (GB), Ferrari
3. Nannini (I), Benetton-Ford
Senna: Ausfall (geplatzter Kühler)

21.10., Japan (Suzuka)
Pole: Senna (BR), McLaren-Honda
1. Piquet (BR), Benetton-Ford
2. Moreno (BR), Benetton-Ford
3. Suzuki (J), Lola-Lamborghini
Senna: Ausfall (Kollision mit Prost)

4.11., Australien (Adelaide)
Pole: Senna (BR), McLaren-Honda
1. Piquet (BR), Benetton-Ford
2. Mansell (GB), Ferrari
3. Prost (F), Ferrari
Senna: Unfall

Fahrer-WM

1. Senna (BR), McLaren-Honda	78
2. Prost (F), Ferrari	71(73)
3. Piquet (BR), Benetton-Ford	43(44)
4. Berger (D), McLaren-Honda	43
5. Mansell (GB), Ferrari	37
6. Boutsen (B), Williams-Ren.	34
7. Patrese (I), Williams-Renault	23
8. Nannini (I) Benetton-Ford	21
9. Alesi (F),Tyrrell-Ford	13
10. Moreno (BR),Benetton-Ford	6
Capelli (I), Arrows-Ford	6
Suzuki (J), Lola-Lamborgh.	6
13. Bernard (F), Lola-Lamborgh.	5
14. Warwick (GB), Lotus-Lamb.	3
Nakajima (J), Tyrrell-Ford	3
16. Caffi (I), Arrows-Ford	2
Modena (I), Brabham-Judd	2
18. Gugelmin (BR), March-Judd	1

(In Klammern Punktestand ohne Streichresultate)

Konstrukteurs-WM

1. McLaren (121), 2. Ferrari (110), 3. Benetton (71), 4. Williams (57), 5. Tyrrell (16), 6. Lola (11), 7. March (7), 8. Lotus (3), 9. Arrows (2), Brabham (2)

Das unschlagbare Weltmeisterauto der Jahre 1990/91: Der V-12-Motor von Honda brachte 710 PS an di

ntimeter breiten Reifen, und ein Mann im gelben Helm beherrschte sie à la magic, auf magische Weise.

Ein Traum, dem er acht Jahre nachlief: Zum erstenmal gewinnt Ayrton Senna seinen Heimat-Grand-
tenlang schwenkt er die Fahne Brasiliens, berauscht sich am orkanartigen Jubel seiner Landsleute.

einer Geburtsstadt São Paulo. Minu-
derholt sich dieser Triumph.

1991

Meistertitel ohne Streit

Ein gutes Jahr für Ayrton Senna. Er holt sich seinen dritten Titel souverän. Aber er spürt: Die große Zeit von McLaren ist vorbei.

Ayrton Senna war der Champ, der Titelverteidiger. Er hatte mit dem McLaren-Honda das beste Auto. Der Stall von Ron Dennis galt als gutorganisiertes Team. Und er war unbestritten der beste Rennfahrer der Welt.

Seine Ingenieure behaupteten: Egal, in welchem Auto er fährt - Senna ist immer eine Sekunde schneller als jeder andere im selben Auto. Also konnte er nur von den Konstrukteuren geschlagen werden. Aber diese Sekunde auf technischem Wege einzusparen, das konnte Jahre dauern und in jedem Fall Millionen über Millionen kosten.

Williams-Renault war auf dem besten Wege. Man experimentierte mit der neuen aktiven Aufhängung. Und man hatte mit Nigel Mansell, sieben Jahre älter als Senna, einen hochmotivierten Fahrer ins Team zurückgeholt. Der britische Schnauzbart lechzte nach dem ersten Titel.

Ayrton versuchte, die überzogenen Erwartungen zu dämpfen: „McLaren ist nicht so überlegen, wie es scheint." Aber dann strafte er sich selber Lügen: Die ersten vier Rennen der Saison beendete er souverän als Sieger. Es schien ein glatter Durchmarsch zum Titel zu werden.

Aber dann zeigte sich, daß in die Teamorganisation doch ein bißchen Schlendrian einzog. In Magny-Cours wurde dem Fahrer Spritmangel signalisiert. Er drangsalierte das Gaspedal vorsichtiger und ließ beide Williams passieren. Am Ende war noch reichlich Sprit im Tank. Senna knurrte: „100 Millionen Dollar, aber keine 500 für eine gescheite Tankanzeige."

Problem: Tankanzeige

Es kam noch schlimmer: Beim Grand Prix von England

zeigte die Tankuhr reichlich Sprit an - aber der Tank war leer. Und beim Großen Preis von Deutschland geschah das gleiche. Da war Senna drauf und dran, den Job aufzugeben. Auf der Pressekonferenz zeigte er Galgenhumor: „Ich glaube, das Benzin ging mir aus. Der Tank war jedenfalls leer."

Dennoch, um die Weltmeisterschaft der Pannen bewarb sich auch Mansells Williams-Team. In Estoril wurde dem Piloten nach einem Boxenstopp zu früh freie Fahrt signalisiert. Sekunden später überholte ihn das rechte Hinterrad. Es war noch nicht fest montiert. Ein Rennen weiter, in Spanien, nahm Mansell in einem spektakulären Ausbremsmanöver Senna im Zweikampf die Führung ab.

Der Kampf um die WM-Krone blieb offen bis zum Großen Preis von Japan. So lange hatte Mansell die Chance, dem Brasilianer den sicher geglaubten dritten Titel zu entreissen. Zum fünften Mal in Folge fiel die Entscheidung in Suzuka. Eine defekte Bremse warf den

Ein Dankeschön für Gerhard Berger

Briten von der Piste und aus dem Wettbewerb.

Senna und sein Teamkollege und Freund Gerhard Berger jagten nach langem Stallgerangel vor den Williams her. Senna stand als Sieger fest. Aber als er in die letzte Runde ging und Berger ihm am Heck hing, stieg Senna kurz auf die Bremse. Berger riß auf Überholkurs und schoß mit 0,3 Sekunden Vorsprung durchs Ziel.

Es war sein erster Sieg seit 1989, der erste und letzte im McLaren-Team. Auf dem Podest wirkte er allerdings etwas gequält. „Ich Depp, ich hätte auch bremsen sollen", murrte er später. Senna indes: „Es war mein Dank für viele Gefälligkeiten von Gerhard."

Mansell kam noch vor der Siegerehrung zu Senna und riß

„Next year, next round"

ihm vor dem Pulk der Fotografen den rechten Arm hoch: „Congratulations. You are the champ!" Und er fügte hinzu: „Next year, next round." Senna lächelte gequält. Er ahnte, wie schwer 1992 für ihn werden würde. Aber eines freute ihn: „Ein Titel ohne Streit und schlechten Beigeschmack."

Dafür große Krisensitzung bei Honda. Ron Dennis wußte, daß Senna schwer zu halten war: Williams und Ferrari lockten mit Angeboten. Aber man war bei Honda entschieden der Meinung, daß McLaren nur mit Senna stark sei. Honda setzte durch, daß Senna das absolute Supergehalt der Formel 1 gezahlt wurde - 23 Mio Dollar für 1992.

Ein Honda-Marketingboss: „Damals wurde uns klar, daß es sinnvoll war, sich aus der Formel 1 zurückzuziehen. Wir merkten, daß Senna zu Williams wollte - er hatte das Gespür für das überlegene Auto." Nach vier WM-Titeln in Folge konnte Honda nichts mehr gewinnen. Aber eine Saison noch war man bei Ron Dennis und McLaren im Wort.

Das Jahr 1991 hatte Ayrton Senna nach Meinung vieler Kollegen und Journalisten verändert. Er war lockerer geworden, offener, er sprach mehr. 1991 war auch das Jahr, das ihm besonders deutlich die Gefahren seines Sports vor Augen führte. Mindestens zweimal griff Gevatter Hein nach ihm. In Mexiko zog man ihn unverletzt nach einem Überschlag aus dem auf dem Cockpit liegenden Boliden. Und beim Training in Hockenheim hing er endlose Minuten bewußtlos in den Gurten, ehe sein Team ihn fand. (Mehr darüber im Kapitel „Warnschüsse des Schicksals", Seite 132).

Der große Gegenspieler Alain Prost war 1991 für Senna kein Problem. Auf dem technisch ins

Prost und Balestre verlassen die Bühne

Abseits geratenen Ferrari fuhr er ebensowenig einen Sieg ein wie sein junger Teamkollege Jean Alesi. Zwar gab er zu Saisonbeginn kund: „Ich werde keinerlei Rücksicht auf jemand nehmen." Aber es reichte in der Endbilanz nur zu 34 Punkten, Senna hatte fast dreimal soviel.

Frustriert verabschiedete sich Prost Ende 1991 vom Grand-Prix-Sport. Er kritisierte heftig Ferrari. Senna nahm es nicht sehr ernst: „Den Prost kennt ja jeder. Der jammert immer über alles, über sein Team, über die Motoren, über ..." Er ahnte, das alles nicht sehr ernst gemeint

Boxenstopp in Suzuka. Senna hat zu diesem Zeitpunkt längst den WM-Titel, kann Gerhard Berger den Sieg schenken. Aber bei McLaren kommt es immer häufiger zu Fehlern.

Nigel Mansell reißt den Arm des neuen Champs hoch. Es hat in diesem Jahr bei Williams noch nicht für einen Titelgewinn gereicht. Im Hintergrund stärkt sich Berger.

Beim GP von Spanien verabreden sich Ayrton Senna und Frank Williams. Zum Vertrag kommt es erst für 1994.

war: Prost kam wieder, schon nach einem Jahr.

Mit Prost ging 1991 ein anderer Franzose, und daran hatte Ayrton Senna sicherlich seinen Anteil. Jean Balestre, der greise FISA-Präsident, wurde überraschend abgelöst. Senna lebte mit ihm seit 1989 auf Kriegsfuß, seit er nach seinem Champion-Lauf von Suzuka disqualifiziert wurde. Den neuen Präsidenten kannte Senna gut: Max Mosley, enger Vertrauter von FOCA-Chef Bernie Ecclestone, zu dem Ayrton Senna durchaus freundschaftliche Kontakte unterhielt.

Noch einer kam, mit dem Senna in der Folgezeit viel zu

Gerhard Berger über Ayrton Senna

Diesen Kommentar schrieb der Österreicher 1991 für das Buch „Grand Prix 91 - live miterlebt"

Seit 1986 mit Benetton habe ich jedes Jahr wenigstens einen Grand Prix gewonnen - bis 1990 bei McLaren, dem besten Team. Wenn dir dann dein Kollege eine Pole-Position nach der anderen um die Ohren knallt, sechs Rennen gewinnt und Weltmeister wird, dann schaust' natürlich alt aus. Mag sein, daß all jene, die meinen Wechsel zu McLaren und Senna für einen Fehler hielten, sich bestätigt fühlen. Das kann ich nicht ändern. Ich weiß nur, für mich war der Wechsel das Beste, was mir passieren konnte.

Senna und Prost waren die überragenden Piloten der vergangenen Saison 1990. Senna, und für Prost gilt das noch mehr, ist in den letzten Jahren noch dazu viel fleißiger gewesen als ich. Der Unterschied zwischen meinen Ferrari-Jahren und dem ersten McLaren-Jahr, wo ich Senna bei der Arbeit erlebt hab', ist ungefähr so, wie wennst' vom Paradies in einen Bergwerkstollen kommst. Bei Ferrari bin ich nach dem Training eine halbe Stunde mit einem Ingenieur zusammengesessen, hab' ihm gesagt, mein Auto tut da und da übersteuern, zu hart ist es auch, dann hab' ich ihm auf die Schulter geklopft und gemeint, morgen in der Früh' sollt' es halt nicht mehr übersteuern, und dann bin ich Schmäh reden gegangen. Dazu muß ich auch sagen, daß ich vom Speed her mit meinen Teamkollegen nie Probleme gehabt hab', egal ob sie Fabi, Alboreto oder Mansell hießen. Beim Nigel hab' ich schon auf die Zähne beißen müssen, und eigentlich hab' ich mir gedacht, viel schneller kann der Senna auch nicht sein.

Aber da hab' ich mich geirrt. Nicht nur, daß der Senna viel schneller ist. Was den Unterschied ausmacht, ist sein Fleiß. Er arbeitet wie ein Besessener, der weiß alles, kennt alles, informiert sich über alles, und wenn's das Drehmoment von der unwichtigsten Schraube ist. Ich erinnere mich gut an Spa 1990. Ayrton kam von der Pressekonferenz zurück, verschwitzt und hat die Techniker noch drei Stunden lang festgehalten. Er schilderte haarklein, was ihm am Auto nicht gepaßt hat. Und das war ein Rennen, das Senna gewonnen hatte! Er dreht die Stabi zehnmal hin und her, bevor er sich für einen entscheidet - das macht aber die vier oder fünf Sekunden aus, die er am Schluß vorne ist. Weil er dann eben doch den weicheren Reifen hat fahren können, von dem man vorher geglaubt hat, es geht nicht.

tun haben würde. Michael Schumacher stand beim GP von Belgien am Start. Er kam zwar

Michael Schumacher mit Ayrtons Startnummer 19

wegen eines Kupplungsschadens nur einige hundert Metern. Aber die Leistungen beim Training ließen Benetton nicht unbeeindruckt. Das immer stärker werdende Team schnappte sich den Deutschen, der im Jahr drauf die Nummer auf seinem Auto hatte, mit der auch Ayrton Senna einst in die Formel 1 einstieg: 19. **H.B.**

Die Arbeits- und Denkweise von Senna und Prost machen sie zu den besten Piloten. Ich versuche, den gleichen Weg zu gehen ... Es hilft mir, daß ich zu Senna ein Super-Verhältnis habe. Wir sind absolut offen zueinander, jeder respektiert den anderen, es gibt keine linken Aktionen. Und ganz ehrlich: Von allen Teamkollegen, die ich bisher gehabt habe, ist er mir der liebste.

Im vergangenen November haben Ayrton und ich in Australien beim Abendessen gesessen mit ein paar alten Champions; Juan-Manuel Fangio war dabei und auch James Hunt. Auf einmal hat der Senna zu erzählen angefangen, nicht von seiner, sondern von meiner Saison. Daß ihn noch nie einer so wie ich gefordert hat, daß er in Bereiche des Schnellfahrens vorgestoßen ist, in denen er noch nie zuvor war, und daß ihm dieser Druck für die WM unheimlich viel geholfen hat. Das hat mich motiviert, weil ich weiß, daß es ehrlich gemeint war und weil es zeigt, daß ich Senna nähergekommen bin.

Ergebnisse 1991

10.3., USA (Phoenix)
Pole: Senna (BR), McLaren-Honda
1. Senna (BR), McLaren-Honda
2. Prost (F), Ferrari
3. Piquet (BR), Benetton-Ford

24.3., Brasilien (São Paulo)
Pole: Senna (BR), McLaren-Honda
1. Senna (BR), McLaren-Honda
2. Patrese (I), Williams-Renault
3. Berger (A), McLaren-Honda

28.4., San Marino (Imola)
Pole: Senna (BR), McLaren-Honda
1. Senna (BR), McLaren-Honda
2. Berger (A), McLaren-Honda
3. Lehto (SF), Dallara-Judd

12.5., Monaco (Monte Carlo)
Pole: Senna (BR), McLaren-Honda
1. Senna (BR), McLaren-Honda
2. Mansell (GB), Williams-Renault
3. Alesi (F), Ferrari

2.6., Kanada (Montreal)
Pole: Patrese (I), Williams-Renault
1. Piquet (BR), Benetton-Ford
2. Modena (I), Tyrrell-Honda
3. Patrese (I), Williams-Renault
Senna: Ausfall (Elektronik)

16.6., Mexiko (Mexiko)
Pole: Patrese (I), Williams-Renault
1. Patrese (I), Williams-Renault
2. Mansell (GB), Williams-Renault
3. Senna (BR), McLaren-Honda

7.7., Frankreich (Magny-Cours)
Pole: Patrese (I), Williams-Renault
1. Mansell (GB), Williams-Renault
2. Prost (F), Ferrari
3. Senna (BR), McLaren-Honda

14.7., England (Silverstone)
Pole: Mansell (GB), Williams-Renault
1. Mansell (GB), Williams-Renault
2. Berger (A), McLaren-Honda
3. Prost (F), Ferrari
Senna: 4. Platz

28.7., Deutschland (Hockenheim)
Pole: Mansell (GB), Williams-Renault
1. Mansell (GB), Williams-Renault
2. Patrese (I), Williams-Renault
3. Alesi (F), Ferrari
Senna: 7. Platz/Spritmangel

11.8., Ungarn (Budapest)
Pole: Senna (BR), McLaren-Honda
1. Senna (BR), McLaren-Honda
2. Mansell (GB), Williams-Renault
3. Patrese (I), Williams-Renault

25.8., Belgien (Spa)
Pole: Senna (BR), McLaren-Honda
1. Senna (BR), McLaren-Honda
2. Berger (A), McLaren-Honda
3. Piquet (BR), Benetton-Ford

8.9., Italien (Monza)
Pole: Senna (BR), McLaren-Honda
1. Mansell (GB), Williams-Renault
2. Senna (BR), McLaren-Honda
3. Prost (F), Ferrari

22.9., Portugal (Estoril)
Pole: Patrese (I), Williams-Renault
1. Patrese (I), Williams-Renault
2. Senna (BR), McLaren-Honda
3. Alesi (F), Ferrari

29.9., Spanien (Barcelona)
Pole: Berger (A), McLaren-Honda
1. Mansell (GB), Williams-Renault
2. Prost (F), Ferrari
3. Patrese (I), Williams-Renault
Senna: 5. Platz

20.10., Japan (Suzuka)
Pole: Berger (A), McLaren-Honda
1. Berger (A), McLaren-Honda
2. Senna (BR), McLaren-Honda
3. Patrese (I), Williams-Renault

3.11., Australien (Adelaide)
Pole: Senna (BR), McLaren-Honda
1. Senna (BR), McLaren-Honda
2. Mansell (GB), Williams-Renault
3. Berger (A), McLaren-Honda

Fahrer-WM

1. Senna (BR), McLaren-Honda	96
2. Mansell (GB), Williams-Ren.	72
3. Patrese (I), Williams-Renault	53
4. Berger (A), McLaren-Honda	43
5. Prost (F), Ferrari	34
6. Piquet (BR), Benetton-Ford	26,5
7. Alesi (F), Ferrari	21
8. Modena (I), Tyrrell-Honda	10
9. de Cesaris (I), Jordan-Ford	9
10. Moreno (BR), Minardi/Jordan	8
11. Martini (I), Minardi-Ferrari	6
12. Letho (SF), Dallara-Judd	4
Gachot (F), Lola-Larrousse-F.	4
Schumacher (D), Jordan-Ford/Benetton-Ford	4
15. Häkkinen (SF), Lotus-Judd	2
Brundle (GB), Brabham-Yam.	2
Nakajima (J), Tyrrell-Honda	2
18. Bailey (GB), Lotus-Judd	1
Bernard (F), Lola-Larrousse-F.	1
Capelli (I), Leyton-House-Ilmor	1
Suzuki (J), Lola-Larrousse-Ford	1
Pirro (J), Dallara-Judd	1
Blundell (GB), Brabham-Yam.	1
24. Morbidelli (I), Ferrari	0,5

Konstrukteurs-WM

1. McLaren-Honda (139), 2. Williams-Renault (125), 3. Ferrari (55,5), 4. Benetton-Ford (38,5), 5. Jordan-Ford (13), 6. Tyrrell-Honda (12), 7. Minardi-Ferrari (6), 8. Dallara-Judd (5), 9. Lotus-Judd (3), Brabham-Yamaha (3), 11. Lola-Ford (2), 12. Leyton-House-Ilmor (1)

Der Erfolg hat seine Gründe: Wie kein anderer Formel-1-Fahrer hat sich Ayrton Senna mit seinem Auto beschäftigt. Stundenlang diskutiert und experimentiert er mit den Ingenieuren.

Vor jedem Rennen ist Ayrton Senna minutenlang nicht ansprechbar. Er fährt die Rennstrecke vor seinem geistigen Auge ab - und er hält als gläubiger Christ Zwiesprache mit Gott.

1992

Das Jahr des Frusts

Gegen das „Dream Team" Mansell/Williams war die Kombination Senna/McLaren ohne Chance. Nur drei Siege, nur eine Pole-Position konnten den erfolgshungrigen Brasilianer nicht sättigen. Am Ende stand Senna mit weniger Punkten da als in seinem letzten Lotus-Jahr und mußte sich sogar dem deutschen Newcomer Michael Schumacher geschlagen geben.

Sennas Nerven sind überstrapaziert. Der junge Michael Schumacher zeigt keinen Respekt vor dem dreifachen Weltmeister. Fast kommt es zu Handgreiflichkeiten.

Sennas erster Sieg 1992 in Monaco. Er hindert Mansell acht Runden lang am Überholen.

1992 war McLaren derart gegen Williams in Rückstand geraten, daß weder Honda noch Senna ihn egalisieren konnten. Williams-Star Nigel Mansell gewann die ersten fünf Rennen souverän, sein Teamkollege Riccardo Patrese wurde während dieser Phase viermal Zweiter.

Senna gewann freilich Rennen, die kaum zu gewinnen waren: Monaco, Ungarn und Italien, er war hervorragend wie eh und je. „Aber es war von Beginn an hoffnungslos“, mußte der Mann einsehen, der erklärte, „an zweiten und dritten Plätzen nicht interessiert“ zu sein.

Nehmen wir den Monaco-Grand-Prix. Nigel Mansell hatte bereits 30 Sekunden Vorsprung

Atemberaubendes Finale

auf Senna herausgearbeitet, als er mit einem Rad im Tunnel anschlug. Er mußte zur Box, Senna übernahm die Führung. Mansell stürmte ihm nach, es kam zu einem atemberaubenden Finale. Wahrscheinlich dem besten Finale, das es je in Monaco gegeben hat. Mansell terrorisierte Senna, doch Senna machte sich breit. Er blockte den überlegenen Williams ab. Mansell hätte Senna am liebsten aufgesaugt, vernichtet, eingeatmet, von der Straße geschossen. Jeder andere wäre vor Mansell in die Knie gegangen. Senna jedoch fuhr schnell und stur und gewann den verlorengeglaubten Grand Prix von Monaco.

Die erste Niederlage im haushoch überlegenen Williams traf

Streit mit den Streckenposten: Ganz fair, finden einige, hat er den Sieg nicht errungen.

Mansell tief. Senna war für ihn ohnehin ein rotes Tuch, aber dieser Rivalität verdanken wir die aufregendsten Duelle, die es in den letzten Jahrzehnten in der Formel 1 gegeben hat.

Im Kanada-Grand-Prix machte sich Nigel Mansell wenig später zum Clown, als er Senna überholen wollte und sich von der Bahn drehte. „Leider gibt es keine TV-Aufzeichnung von diesem Überholmanöver, sonst würde die ganze Welt sehen, daß mich Senna auf die Drecksspur gerempelt hat, ich sofort Grip verlor und ins out rodelte …" Wieder hatte Mansell in einem Duell mit Senna draufgezahlt. Niki Lauda fragte Mansell: „Hättest du nicht warten können?"

Aber Nigel Mansell hatte in seinem Leben zu lange gewartet. Und wenn es um Senna ging, dann konnte er nie warten. Zu oft hatte er sich von ihm provozieren lassen.

Mansell hatte zu lange gewartet

Diesmal hatte er alle Asse auf seiner Seite. Er gewann mit 108 Punkten. WM-Zweiter Riccardo Partrese, sein Teamkollege, hatte einen stolzen Abstand von 52 Punkten aufzuweisen.

Es gab ein neues Team, das mächtig aufholte: Benetton. Wäre Michael Schumacher beim letzten Zieleinlauf 0,7 Sekunden schneller gewesen, hätte er Gerhard Berger den Sieg weggeschnappt. Und er wäre vor Patrese WM-Zweiter geworden.

So oder so - für Ayrton Senna war 1992 ein schwarzes Jahr. Nach zwei WM-Titeln in Folge kam er diesmal nur auf den vierten Rang - einen einzigen Punkt besser als sein Teamkollege und Freund Gerhard Berger. Der

Beim Großen Preis von Deutschland steht Senna betrübt auf dem zweiten Treppenabsatz: Er kann s macher ist ein 3. Platz noch ein Grund zur Rührung - erst recht bei seinem Heimat-GP. Für Nigel Ma

hatte immerhin einen neuen Zwei-Jahres-Vertrag unterschrieben - bei Ferrari. Senna hingegen war frustriert. „McLaren hat wichtige technische Entwicklungen verschlafen", murrte er. Das aktive Fahrwerk, das Williams so weit nach vorne brachte, wollte Ron Dennis erst 1993 einsetzen.

Senna wußte,daß er auch in der nächsten Saison mit dem McLaren nichts reißen konnte. Und daß sein Traumauto Williams-Renault blockiert war - von seinem Lieblingsfeind Alain Prost, der nach einem Jahr Formel-1-Urlaub zurückkehrte. **H.Z.**

über Siege freuen. Für Michael Schu-
; der achte Sieg in zehn Läufen.

Ergebnisse 1992

1.3., Südafrika (Kyalami)
Pole: Mansell (GB), Williams-Renault
1. Mansell (GB), Williams-Renault
2. Patrese (I), Williams-Renault
3. Senna (BR), McLaren-Honda

22.3., Mexiko (Mexiko)
Pole: Mansell (GB), Williams-Renault
1. Mansell (GB), Williams-Renault
2. Patrese (I), Williams-Renault
3. Schumacher (D), Benetton-Ford
Senna: Ausfall (Kraftübertragung)

5.4., Brasilien (São Paulo)
Pole: Mansell (GB), Williams-Renault
1. Mansell (GB), Williams-Renault
2. Patrese (I), Williams-Renault
3. Schumacher (D), Benetton-Ford
Senna: Ausfall (Motor)

3.5., Spanien (Barcelona)
Pole: Mansell (GB), Williams-Renault
1. Mansell (GB), Williams-Renault
2. Schumacher (D), Benetton-Ford
3. Alesi (F), Ferrari
Senna: Ausfall (Unfall)

17.5., San Marino (Imola)
Pole: Mansell (GB), Williams-Renault
1. Mansell (GB), Williams-Renault
2. Patrese (I), Williams-Renault
3. Senna (BR), McLaren-Honda

31.5., Monaco (Monte Carlo)
Pole: Mansell (GB), Williams-Renault
1. Senna (BR), McLaren-Honda
2. Mansell (GB), Williams-Renault
3. Patrese (I), Williams-Renault

14.6., Kanada (Montreal)
Pole: Senna (BR), McLaren-Honda
1. Berger (A), McLaren-Honda
2. Schumacher (D), Benetton-Ford
3. Alesi (F), Ferrari
Senna: Ausfall (Elektronik)

5.7., Frankreich (Magny-Cours)
Pole: Mansell (GB), Williams-Renault
1. Mansell (GB), Williams-Renault
2. Patrese (I), Williams-Renault
3. Brundle (GB), Benetton-Ford
Senna: Ausfall

12.7., England (Silverstone)
Pole: Mansell (GB), Williams-Renault
1. Mansell (GB), Williams-Renault
2. Patrese (I), Williams-Renault
3. Brundle (GB), Benetton-Ford
Senna: Ausfall (Kraftübertragung)

26.7., Deutschland (Hockenheim)
Pole: Mansell (GB), Williams-Renault
1. Mansell (GB), Williams-Renault
2. Senna (BR), McLaren-Honda
3. Schumacher (D), Benetton-Ford

16.8., Ungarn (Budapest)
Pole: Patrese (I), Williams-Renault
1. Senna (BR), McLaren-Honda
2. Mansell (GB), Williams-Renault
3. Berger (A), McLaren-Honda

30.8., Belgien (Spa)
Pole: Mansell (GB), Williams-Renault
1. Schumacher (D), Benetton-Ford
2. Mansell (GB), Williams-Renault
3. Patrese (I), Williams-Renault
Senna: 5. Platz

13.9., Italien (Monza)
Pole: Mansell (GB), Williams-Renault
1. Senna (BR), McLaren-Honda
2. Brundle (GB), Benetton-Ford
3. Schumacher (D), Benetton-Ford

27.9., Portugal (Estoril)
Pole: Mansell (GB), Williams-Renault
1. Mansell (GB), Williams-Renault
2. Berger (A), McLaren-Honda
3. Senna (BR), McLaren-Honda

25.10., Japan (Suzuka)
Pole: Mansell (GB), Williams-Renault
1. Patrese (I), Williams-Renault
2. Berger (A), McLaren-Honda
3. Brundle (GB), Benetton-Ford
Senna: Ausfall (Motor)

8.11., Australien (Adelaide)
Pole: Mansell (GB), Williams-Renault
1. Berger (A), McLaren-Honda
2. Schumacher (D), Benetton-Ford
3. Brundle (GB), Benetton-Ford
Senna: Ausfall

Fahrer-WM

1. Mansell (GB), Williams-Ren.	108
2. Patrese (I), Williams-Renault	56
3. Schumacher (D), Benetton-Ford	53
4. Senna (BR), McLaren-Honda	50
5. Berger (A), McLaren-Honda	49
6. Brundle (GB), Benetton-Ford	38
7. Alesi (F), Ferrari	18
8. Häkkinen (SF), Lotus-Ford	11
9. de Cesaris (I), Tyrrell-Ilmor	8
10. Alboreto (I), Footwork-Mugen	6
11. Comas (F), Ligier Renault	4
12. Wendlinger (A), March-Ilmor	3
Capelli (I), Ferrari	3
14. Boutsen (B), Ligier-Renault	2
Martini (I), Dallara-Ferrari	2
Herbert (GB), Lotus-Ford	2
17. Gachot (F), Larrousse-Lamb.	1
Fittipaldi (BR), Minardi-Lamb.	1
Modena (I), Jordan-Yamaha	1

Konstrukteurs-WM

1. Williams-Renault (164), 2. McLaren-Honda (99), 3. Benetton-Ford (91), 4. Ferrari (21), 5. Lotus-Ford (13), 6. Tyrrell-Ilmor (13), 7. Footwork-Mugen (6), Ligier-Renault (6), 9. March-Ilmor (3), 10. Dallara-Ferrari (2), 11 Larrousse-Venturi-Lamborghini (1), Minardi-Lamborghini (1), Jordan-Yamaha (1)

1993 McLaren Ford

Teamkollegen:

Michael Andretti (USA),
7 Punkte

Mika Häkkinen (SF),
4 Punkte

Bilanz
Ayrton Senna:

73 Punkte,
WM-Zweiter

McLaren-Ford MP 4/8

1993 Seine letzten Siege, sein Frieden mit Prost

Lustlos stieg Ayrton Senna in den unterlegenen McLaren. Dennoch holte er fünf Siege - und machte das Team zum erfolgreichsten der Formel-1-Geschichte. Sein großer Wunsch: Er wollte den Williams. Am Jahresende erfüllte Frank Williams sich und Senna den Traum.

Senna wurde dreimal Weltmeister, und immer stand er als „magic“ Senna übernatürlich da. Aber zwei WM-Titel wurden in einem total überlegenen McLaren-Honda errungen.

1993 stand dieser Wagen nicht mehr zur Verfügung. Honda hatte sich aus dem Formel-1-Sport zurückgezogen. Und Ron Dennis hatte plötzlich keinen Motor mehr. Peugeot brauchte noch ein Jahr mit der Entwicklung seines F1-Aggregats. Also mußte Ron Dennis auf den Ford-V-8 zurückgreifen - zwar das bewährteste und älteste Zugpferd im Zirkus, aber auch ein Motor, mit dem viele Teams hinter der Führungsspitze herhechelten. Der einzige, der mit diesem Motor vorne mitmischte, war Michael Schumacher.

Nigel Mansell hatte mit Williams über einen neuen Vertrag für 1993 verhandelt. Der frischgebackene Weltmeister wollte endlich ernten. Er wollte nach all den Jahren in die Gehaltsstufe eines sieben Jahre jüngeren Senna aufsteigen, der fast das Doppelte verdiente.

Senna hatte sich Williams für 1993 zum „Nulltarif“ offeriert - was immer das heißen mochte. Senna wollte als bester Fahrer unbedingt den besten Wagen,

Prost schloß Senna aus

aber die französischen Motorenlieferanten wollten einem Franzosen zu seinem vierten WM-Titel verhelfen. Und dieser Franzose, Alain Prost, hatte durch seinen Vertrag Senna, seinen liebsten Feind, als Teamkollegen ausgeschlossen.

Leidtragender war Nigel Mansell. Er hätte natürlich ne-

In Kyalami fährt Ayrton Senna für ei… ams keine Chance hat und daß Micha…

Geschockt: Ayrton Senna studiert die Zeiten der Konkurrenten. Er kämpft verbissen - und wird WM-Zweiter.

lion Dollar das Eröffnungsrennen. Er weiß, daß er gegen die Willi-
umacher im gelben Benetton ihm immer gefährlicher wird.

ben Prost fahren können, aber Frank Williams wollte Nigel das Salär von 11 auf 5 Millionen Dollar kürzen. Denn zwei Weltmeistertitel waren nicht zu vergeben. Mit diesem Angebot schickte er den schnauzbärtigen Briten in die Wüste. Mansell flüchtete in die IndyCar-Serie. Dafür kam ein gefeierter Champ aus Amerika in die Formel 1: Michael Andretti, Sohn des Formel-1-Weltmeisters Mario Andretti, wurde zweiter Fahrer im Dennis-Team. Aber er überstand kaum eine erste Runde, zerlegte mehrfach seinen Wagen und wurde gegen Saisonende gegen Mika Häkkinen ausgetauscht.

Niemand zweifelte daran, daß Prost bei Williams mit der Schubkraft eines überlegenen Renault-Triebwerks Weltmeister 1993 werden würde. Senna stieg lustlos ein. Bis Saisonmitte hatte er keinen Vertrag mit Ron Dennis, ließ sich von Rennen zu Rennen als Wochenendlöhner für eine Million Dollar engagieren. Aber er gab sein bestes: Als er zu Saisonbeginn die Rennen

Die beste Startrunde seiner Karriere

von Interlagos und Donington gewann, schien es, als hätte Senna auf dem McLaren-Ford tatsächlich eine WM-Chance. Dem war aber nicht so.

Im Grand Prix von Europa auf der traditionsbeladenen Rennstrecke von Donington, an einem frostigen Ostersonntag, fuhr Senna wahrscheinlich das beste Rennen seiner Karriere.

Die Tamburello-Kurve von Imola. 1993 schießen Prost und Senna fast gleichauf hinein. Der Franzose überholt. Ein Jahr später zerschellt hier der Williams mit Senna am Steuer.

Prost und Senna hatten das gleiche Wetter, Williams das bessere Auto, doch Senna dupierte in einer Startrunde, die ihresgleichen sucht, Prost und Damon Hill. Es war eine Startrunde, die Niki Lauda und James Hunt als „nie erlebte Sensation" bezeichneten. Senna stand auf dem vierten Startplatz. Er schob sich außen an Karl Wendlinger vorbei, überholte Schumacher, Hill und Prost. In der Melbourne-Haarnadel lag er vorne. Die Straße war naß.

Ex-Weltmeister James Hunt, damals als TV-Kommentator ein kompetenter Mann: „Was wir von Senna sahen, war genial. Da zählt kein Auto, das war Senna pur und nichts anderes."

Die Bedingungen wechselten ständig zwischen regennasser Straße, die keine Slicks mehr vertrug, und abgetrockneter Piste, auf der man mit Regenreifen zu langsam war. Prost wechselte siebenmal Reifen, Senna nur fünfmal. Es gab Phasen, in denen fuhr Senna mit Slicks schnellere Runden auf nasser Straße als Prost mit Regenreifen.

Senna war ein gerührter Sieger, Damon Hill ein stolzer Zweiter, Prost ein kleinlauter Dritter.

Beim Siegerinterview jammerte Prost über Getriebe und Kupplung, beim Schalten wäre es zu blockierenden Hinterrädern gekommen und so fort.

Senna, der Prost auf dem Siegerpodest völlig ignoriert hatte, wandte sich plötzlich dem Franzosen zu und fragte provozierend: „Warum tauscht du nicht das Auto mit mir?"

Sennas Ehe mit McLaren hatte bereits Ende 1992 ihre beste Zeit überschritten. Man wußte: Senna würde nicht eher ruhen, bis er in einem Williams sitzt. Seine ganze Vertragspolitik war auf dieses Ziel abgestimmt. Wenn ihm McLaren schon kein Auto geben konnte, mit dem er gegen Prost Weltmeister werden konnte, so wollte er in Sternstunden wie Donington beweisen, daß er der Beste, der Größte, einfach unentbehrlich war, aber dieser Standard eben seinen Preis habe.

Senna forderte von McLaren 20 Millionen Dollar. Ron Dennis wollte nur 13 Millionen zahlen.

Daraufhin erneuerte Senna seinen Vertrag immer nur von Rennen zu Rennen. Damit setzte er Ron Dennis unter Druck, Geld zu beschaffen, oder Senna würde, wenn die 13 Millionen Dollar nach seinem Dafürhalten „abgearbeitet" waren, von heute auf morgen aufhören.

In dieser Zeit stand Senna dem McLaren-Team für keine Testfahrten zur Verfügung.

Erst im Juli, zum Zeitpunkt des französischen Grand Prix unterschrieb Senna für den Rest der Saison, aber da war schon abzusehen, daß er im Titelkampf gegen Prost und Williams den kürzeren ziehen wird.

Senna hat zwar auch noch den Monaco-Grand-Prix gewonnen – Prost mußte wegen

Das neue Duell zwischen Senna und Schumacher

Frühstarts eine 10-Sekunden-Strafe an der Box absitzen –, aber Kanada, Frankreich, England und Deutschland endeten mit Prost-Siegen, und die Rennen bekamen durch ein neues Duell ihre Würze, das zwischen Senna und Schumacher hin und her tobte und in dem der deutsche Wunderknabe dem Racing-Gott Senna immer wieder die Butter vom Brot nahm.

Eine neue Generation war da. Senna hat sich nicht von Nelson Piquet und dessen drei Weltmeistertiteln blenden lassen. Auch nicht von den Kronen eines Niki Lauda, erst recht nicht von Alain Prost. Die neu-

Das Jahr beginnt gut für Senna. Er gewinnt wieder seinen Heimat-GP. Glücklich umarmt er Juan-Manuel Fangio.

Peinlicher Ausgang des GP von Japan. Weil Eddie Irvine ihn am Überholen hinderte, gibt es Ohrfeigen von Senna.

Umarmung für einen verlorenen Sohn: Senna siegt in Japan für Dennis - aber er ist bei Frank Williams im Wort.

Entspannte Pressekonferenz in Australien - Prosts Abschied läßt die „Erzfeinde" wehmütige Worte finden.

en Jungs von heute sind wie er damals.

In den letzten Jahren war es in der Formel 1 so: Wenn im Rückspiegel der gelbe Helm von Senna auftauchte, dann spritzten die Überrundeten zur Seite. Niemand wollte bei Senna anecken. Jahrelang hatte er allen demonstriert, daß er beim Überrunden kein Pardon kennt. Wer ihn aufhielt, dem gab er Saures.

In Suzuka stand der Ire Eddie Irvine zum Überrunden an. Der gelbe Helm Sennas war für ihn

Ohrfeige für Irvine

weder ein Warnzeichen, noch ein Blaulicht-Fahrzeug, dem man die Vorfahrt einräumen mußte. Irvine blockierte Senna, ließ sich überholen und überholte gleich wieder.

Nach dem Rennen stellte ihn Senna zur Rede. Irvine gab freche Antworten. Senna rastete aus und betonierte ihm eine Ohrfeige, die Irvine vom Tisch fegte.

Das Jahr endete für Senna glimpflich: Er hatte zwar nicht den Siegeslauf des Alain Prost im Top-Williams stoppen können. Aber er war bei der Endabrechnung um vier Punkte besser als Damon Hill auf dem zweiten Williams und gleich 21 Punkte besser als Michael Schumacher.

Bei seinem letzten Rennen bereitete Senna McLaren einen bittersüßen Abschied. Er holte seine erste Pole-Position des Jahres, er gab die Führung niemals ab - und er brachte McLaren mit seinem Sieg auf Position 1:

Mit 104 Siegen war das englische Team vor Ferrari (103) nun der erfolgreichste Stall der Formel-1-Geschichte. Diese historische Zieldurchfahrt war das letzte Rennen, das Ayrton Senna beendete.

„Es ist nie zu spät, seine Meinung zu ändern", flüsterte Ron Dennis seinem Superstar zu, als der aus dem Auto stieg. Aber Ayrton Senna zeigte ihm die kalte Schulter.

Alain Prost hatte früh genug mitbekommen, daß Williams hinter Senna her war und sich die beiden schon sehr nahe gekommen waren. Trotz eines überlegenen Autos hatte Prost nicht überall gewinnen können, selbst Damon Hill hatte ihn mehrmals gebügelt. Williams wußte: Man muß diesen Senna haben, denn man braucht den Senna-Faktor, dank dem man Rennen gewinnt, die niemand anderer gewinnen würde.

Prost stand mit dem Rücken zur Wand. Hatte er für 1993 noch eine Vertragsklausel gehabt, die Senna als seinen Teamkollegen bei Williams ausschloß, so konnte er ihn für 1994 nicht mehr verhindern. Prost zog die Konsequenzen und verkündete bereits in Estoril seinen Rücktritt.

Zwischen den beiden „Erzfeinden" schien plötzlich die Welt in Ordnung. Arm in Arm winkten sie in Adelaide vom Siegerpodest. „Wir sollten die schönen Dinge in Erinnerung behalten", sagte Senna auf der Pressekonferenz. Und Prost sagte auf die Frage nach einer Freundschaft: „Das wird das Leben ergeben." **H.Z.**

Ergebnisse 1993

14.3., Südafrika (Kyalami)
Pole: Prost (F), Williams-Renault
1. Prost (F), Williams-Renault
2. Senna (BR), McLaren-Ford
3. Blundell (GB), Ligier-Renault

28.3., Brasilien (São Paulo)
Pole: Prost (F), Williams-Renault
1. Senna (BR), McLaren-Ford
2. Hill (GB), Williams-Renault
3. Schumacher (D), Benetton-Ford

11.4., Europa (Donington)
Pole: Prost (F), Williams-Renault
1. Senna (BR), McLaren-Ford
2. Hill (GB), Williams-Renault
3. Prost (F), Williams-Renault

25.4., San Marino (Imola)
Pole: Prost (F), Williams-Renault
1. Prost (F), Williams-Renault
2. Schumacher (D), Benetton-Ford
3. Brundle (GB), Ligier-Renault
Senna: Ausfall (Hydraulik)

9.5., Spanien (Barcelona)
Pole: Prost (F), Williams-Renault
1. Prost (F), Williams-Renault
2. Senna (BR), McLaren-Ford
3. Schumacher (D), Benetton-Ford

23.5., Monaco (Monte Carlo)
Pole: Prost (F), Williams-Renault
1. Senna (BR), McLaren-Ford
2. Hill (GB), Williams-Renault
3. Alesi (F), Ferrari

13.6., Kanada (Montreal)
Pole: Prost (F), Williams-Renault
1. Prost (F), Williams-Renault
2. Schumacher (D), Benetton-Ford
3. Hill (GB), Williams-Renault
Senna: Ausfall (Elektronik)

4.7., Frankreich (Magny-Cours)
Pole: Hill (GB), Williams-Renault
1. Prost (F), Williams-Renault
2. Hill (GB), Williams-Renault
3. Schumacher (D), Benetton-Ford
Senna: 4. Platz

11.7., England (Silverstone)
Pole: Prost (F), Williams-Renault
1. Prost (F), Williams-Renault
2. Schumacher (D), Benetton-Ford
3. Patrese (I), Benetton-Ford
Senna: 5. Platz

25.7., Deutschland (Hockenheim)
Pole: Prost (F), Williams-Renault
1. Prost (F), Williams-Renault
2. Schumacher (D), Benetton-Ford
3. Blundell (GB), Ligier-Renault
Senna: 4. Platz

15.8., Ungarn (Budapest)
Pole: Prost (F), Williams-Renault
1. Hill (GB), Williams-Renault
2. Patrese (I), Benetton-Ford
3. Berger (A), Ferrari
Senna: Ausfall (elektr. Gaspedal)

29.8., Belgien (Spa)
Pole: Prost (F), Williams-Renault
1. Hill (GB), Williams-Renault
2. Schumacher (D), Benetton-Ford
3. Prost (F), Williams-Renault
Senna: 4. Platz

12.9., Italien (Monza)
Pole: Prost (F), Williams-Renault
1. Hill (GB), Williams-Renault
2. Alesi (F), Ferrari
3. Mi. Andretti (USA), McLaren-Ford
Senna: Unfall

26.9., Portugal (Estoril)
Pole: Hill (GB), Williams-Renault
1. Schumacher (D), Benetton-Ford
2. Prost (F), Williams-Renault
3. Hill (GB), Williams-Renault
Senna: Ausfall (Motor)

24.10., Japan (Suzuka)
Pole: Prost (F), Williams-Renault
1. Senna (BR), McLaren-Ford
2. Prost (F), Williams-Renault
3. Häkkinen (SF), McLaren-Ford

7.11., Australien (Adelaide)
Pole: Senna (BR), McLaren-Ford
1. Senna (BR), McLaren-Ford
2. Prost (F), Williams-Renault
3. Hill (GB), Williams-Renault

Fahrer-WM

1. Prost (F), Williams-Renault	99
2. Senna (BR), McLaren-Ford	73
3. Hill (GB), Williams-Renault	69
4. Schumacher (D), Benetton-Ford	52
5. Patrese (I), Benetton-Ford	20
6. Alesi (F), Ferrari	16
7. Brundle (GB), Ligier-Renault	13
8. Berger (A), Ferrari	12
9. Herbert (GB), Lotus-Ford	11
10. Blundell (GB), Ligier-Renault	10
11. Mi. Andretti (USA), McLaren-F.	7
Wendlinger (A), Sauber	7
13. Fittipaldi (BR), Minardi-Ford	5
Lehto (SF), Sauber	5
15. Häkkinen (SF), McLaren-Ford	4
Warwick (GB) Footwork-Mug.	4
17. Alliot (F), Larrousse-Lamborg.	2
Barbazza (I), Minardi-Ford	2
Barrichello (BR), Jordan-Hart	2
20. Comas (F), Larrousse-Lamborg.	1
Irvine (GB), Jordan-Hart	1
Zanardi (I), Lotus-Ford	1

Konstrukteurs-WM

1. Williams-Renault (168), 2. McLaren-Ford (84), 3. Benetton-Ford (72), 4. Ferrari (28), 5. Ligier-Renault (23), 6. Lotus-Ford (12), Sauber (12), 8. Minardi-Ford (7), 9. Footwork-Mugen (4), 10. Larrousse-Lamborghini (3), Jordan-Hart (3)

Das letzte Saisonabschlußfoto mit Ayrton Senna, aufgenommen am 6. November 1993 in Adelaide
Herbert, Pedro Lamy, Mika Häkkinen, Martin Brundle, Pierluigi Martini, Andrea de Cesaris, Gerhard
Michael Schumacher, Erik Comas, Jean-Marc Gounon, Damon Hill. Untere Reihe: Mark Blundell, Kar

stralien. Tags drauf wird er im McLaren noch einmal Vizeweltmeister. Obere Reihe (v.l.): Johnny
rger. Mittlere Reihe: Eddie Irvine, Toshio Suzuki, Rubens Barrichello, Ayrton Senna, Riccardo Patrese,
ndlinger, Derek Warwick, Ukyo Katayama, JJ Lehto, Aguri Suzuki, Alain Prost, Jean Alesi.

1994 Williams Renault

Teamkollege:
Damon Hill (GB)

Williams-Renault FW 16

1994
Fahrzeugwechsel

Der beste Fahrer im besten Auto - viele befürchten einen Saisonverlauf wie 1988. Doch Ayrton Sennas Angriff auf den vierten Titel beginnt enttäuschend und endet mit einer Katastrophe.

Erste Bedenken kommen aus dem eigenen Lager: „Die Saison 1994 wird die engste seit Jahren", wiegelt Williams-Konstrukteur Patrick Head ab. Seine Begründung: Die Autos seien schwieriger zu

Die jungen Löwen sind heiß

fahren, die jungen Löwen wie Schumacher, Häkkinen und Barrichello seien heiß, Unwägbarkeiten kämen ins Spiel wie Reifenwechsel und Tankstopps. Bei Testfahrten in Imola im März fährt Michael Schumacher 0,166 Sekunden schneller als Senna, nur eine Kleinigkeit, aber von großer psychologischer Tragweite. „Wir decken unsere Karten nicht auf", meint Senna dazu, „das ist eine gute Tradtion im Team."

Beim Großen Preis von Brasilien am 27. März muß er sie aufdecken. Sein Williams-Renault startet aus der Pole-Position und führt anfänglich. Aber nachdem Schumacher den Ferrari von Alesi niedergerungen hat, ist diese Führung stets be-

São Paulo. Als Ayrton Senna erstmals den neuen Helm aufsetzt, ist für seine Fans klar: Er wird siegen.

Als einziger Titelträger mit vielen neuen Fahrern in die Saison. Von rechts: Barrichello, Frentzen, Fittipaldi, Senna, Brundle, Lamy, Blundell, Berger, Alesi, Bernard.

droht. Der Williams und der Benetton laufen gleichzeitig die Box an, fassen Sprit und Reifen nach. Schumachers Crew ist schneller, Senna zweiter. „Ganz ehrlich", gibt der Herausforderer später zu Protokoll, „ich konnte den Abstand zu Ayrton stets kontrollieren, war nie unter Druck."

Aber Senna ist es bei seinem Heimspiel, dreht sich 15 Run-

Senna: Puls 164

den vor Schluß in einer Kurve, die im dritten Gang gefahren wird. Der Motor schweigt. „Tut mir leid, meine Schuld", sagt er lakonisch. Der Bildschirm verrät mehr, 164 Pulsschläge pro Minute, als Senna den Wagen verläßt.

Szenenwechsel: Nach dem Pacific-Grand-Prix in Japan, auf der Strecke mit dem opernhaften Namen „Aida" jubelt Michael Schumacher erneut auf dem Podium, flankiert von Gerhard Berger und Rubens Barrichello. Der Favorit fehlt wiederum im engen Zirkel der glücklichen drei, fehlt auch sonst in der Wertung. Zunächst sieht alles gut aus, Pole-Position, die 64. und vorletzte, business as usual. Die Auguren fühlen sich bestätigt. Aber Schumacher, der neben ihm steht, verbreitet Zuversicht. Im Renntrimm werde er Senna halten können. Beim Start drehen die Hinterräder des Williams eine Idee zuviel durch, Schumacher kommt besser weg, führt in der ersten Kurve. Senna geht die Dinge diesmal vorsichtig an: „Ich hätte es auf der Innenseite versuchen können, ihn zu packen", entschuldigt er sich später in untypischem Konjunktiv. „Aber bei einem Rennen über 83 Runden mit möglicherweise drei Boxenstopps wäre das witzlos gewesen."

Weniger zurückhaltend ist Mika Häkkinen. Zu dem Zeitpunkt, als Senna diese Überlegungen anstellt, hängt der McLaren am Getriebe des Williams, buchstäblich, stubst den Brasilianer von hinten an, dessen Auto stellt sich quer, wird vom Ferrari Nicola Larinis aus dem Rennen torpediert.

Der Zweikampf Schumacher - Senna steht 20 : 0. Imola, davon sind nicht mehr ganz so viele überzeugt, wird die Wende einleiten. Und Senna kündigt an: „In Imola geht für mich die Saison erst richtig los." **H.L.**

Der Williams-Renault bringt Ayrton Senna von Anfang an kein Glück. In São Paulo fällt er durch ei

Ergebnisse 1994

27.3., Brasilien (São Paulo)
Pole: Senna (BR), Williams-Renault
1. Schumacher (D), Benetton-Ford
2. Hill (GB), Williams-Renault
3. Alesi (F), Ferrari
Senna: Ausfall (Dreher)

17.4., Pacific (Aida)
Pole: Senna (BR), Williams-Renault
1. Schumacher (D), Benetton-Ford
2. Berger (A), Ferrari
3. Barrichello (BR), Jordan-Hart
Senna: Unfall beim Start

1.5., San Marino (Imola)
Pole: Senna (BR), Williams-Renault
1. Schumacher (D), Benetton-Ford
2. Larini (I), Ferrari
3. Häkkinen (SF), McLaren-Peugeot
Senna: Unfall 6. Runde

Fahrer-WM nach 3 WM-Läufen

1.	Schumacher (D), Benetton-F.	30
2.	Barrichello (BR) Jordan-Hart	7
	Hill (GB), Williams-Renault	7
4.	Berger (A), Ferrari	6
	Larini (I), Ferrari	6
6.	Alesi (F), Ferrari	4
	Wendlinger (A), Sauber	4
	Katayama (J), Tyrrell	4
	Häkkinen (SF), McLaren-Peug.	4
10.	Fittipaldi (BR), Arrows-Ford	3
11.	Frentzen (D), Sauber	2
12.	Comas (F), Larrousse-Ford	1

Konstrukteurs-WM nach 3 WM-Läufen

1. Benetton-Ford (30), 2. Ferrari (16), 3.Williams-Renault (7), Jordan-Hart (7), 5. Sauber (6), 6. McLaren-Peugeot (4), Tyrrell-Yamaha (4), 8. Arrows-Ford (3), 9.Larrousse-Ford (1)

fehler aus. In Aida wird er nach dem Start von Ferraris Ersatzfahrer Nicola Larini gerammt (kl. Foto).

Tod in Imola

Großer Preis von San Marino - das Unfaßbare geschieht: Am 1. Mai 1994 rast Ayrton Senna gegen eine Betonwand. Die Welt hält den Atem an: Warum steigt er nicht aus? Ayrton Senna stirbt - der zweite Tote des Grand Prix an jenem schwarzen Wochenende.

Von Hartmut Lehbrink

Ayrton Senna ist tot - das ist ein spröder und sperriger Satz, der quält und sich querlegt in der Seele. Denn er räumt radikal auf mit der Illusion, es gebe Fixpunkte in der Welt, in der wir leben, handelt bündig von der Zerstörung des scheinbar Unzerstörbaren. Man scheut sich, ihn zu denken und zu sagen, heute noch, wo doch alles längst verbrieft und besiegelt ist, tausendfach aufgearbeitet und abgelegt.

Zum 65. und letzten Mal nimmt Ayrton Senna ein Formel-1-Rennen
Spitzenleuten kommt JJ Lehto nicht vom Fleck. Lotus-Pilot Pedro La

Pole auf. Bereits die ersten Sekunden von Imola stehen unter keinem guten Stern: Hinter den
›ediert den Benetton. Trümmer fliegen in die Zuschauerränge. Das Rennen wird neutralisiert.

Das letzte Foto, bevor Ayrton Senna den Helm überstreift. Sein Blick sagt aus, wie sehr ihn der Tod von Roland Ratzenberger am Tag zuvor mitgenommen hat.

Und mit ihm kommt zurück, was man so gerne verdrängen würde, dieses schwarze Wochenende in Imola, ein Fiebertraum, gestaltet von der brutalen Dramaturgie des Todes: Warnschuß für Rubens Barrichello, schreckliches Ende für Roland Ratzenberger, Warnschuß für JJ Lehto und Pedro Lamy, als dessen Lotus beim Start mit verheerender Wucht im Heck des stationären Benetton einschlägt.

Und dann, in der siebenten Runde, wieder die roten Fahnen, die man fürchten gelernt hat in diesen Tagen, incidente, wie die Italiener so trügerisch harmlos sagen, Abbruch des Rennens. Auf den Bildschirmen des Pressesaals sehe ich, als ich mich umdrehe, die finale Phase einer Slow-Motion-Sequenz: Sennas Williams kommt zum Stillstand, mit der heilen Seite zur Kamera hin. Erste Reaktion, noch ganz aus dem Instinktiven heraus: Er ist ausgefallen, schade, das gibt ein langweiliges Rennen.

Bald darauf schon Unruhe: Warum steigt er nicht aus? Und schließlich - aber da kniet bereits ein Heer hilfloser Helfer um den leblosen Mann am Boden - die Gewißheit: Da ist etwas Schlimmes passiert, schon wieder.

Das alles vollzieht sich tief im Inneren, weit entfernt von jeder Klarheit des Begreifens. Schon deshalb erwarte ich von Martin Whitaker, dem Sprecher der FIA, eine beruhigende Gegendarstellung, als er später ans Mikrofon geht, mit betretenem Gesicht gleichwohl. Aber der sagt nur die verdächtig amtlichen Formeln, wie am Vortag: Der Wagen mit der Startnummer zwei habe einen Unfall gehabt, mehr könne man im Augenblick nicht sagen, werde aber zu gegebener Zeit eine offizielle Mitteilung machen.

Barrichello kann nach seinem Unfall noch lachen.

Bald darauf treffen die ersten Fotografen ein, berichten mit gedämpfter Stimme davon, in welchem Zustand man Senna vorgefunden habe, nein, keine Hoffnung. Längst habe ich jegliches Interesse an dem Rennen verloren, das unerbittlich seinen Lauf nimmt, als gebe es kein Gestern und kein Vorhin, während man der Menge vorgaukelt, die Maggiore-Klinik in Bologna, in die man Senna mit dem Hubschrauber überführt hat, werde die Sache schon richten.

Eine Stunde später sind wir auf dem Weg zum Flughafen,

Der Startunfall von Imola geht für Pedro Lamy glimpflich aus. Wochen später verunglückt der Lotus-Pilot bei Tests in Silverstone und erleidet schwere Beinverletzungen.

Ayrton Senna geht in die verhängnisvolle sechste Runde. Hinter ihm fährt Michael Schumacher, der Sekunden später den furchtbaren Aufprall aus nächster Nähe miterleben muß.

auf dem inneren Ring um das Zentrum von Bologna. Eine schöne Stadt an einem schönen Tag, und aus dem Unterbewußten steigt plötzlich ganz intensiv ein starkes Gefühl, schiere Freude darüber, am Leben zu sein, in diesen blaugoldenen Mainachmittag hineinfahren zu dürfen. Wie seltsam: Malte Jürgens schreibt in seinem Bericht in „auto motor und sport" von genau dem gleichen Erlebnis, ohne daß wir ein Wort darüber gesprochen hätten, von dieser Lust am Dasein, ausgelöst durch die Tragödie eines anderen.

Auf dem Airport warten bereits viele, die der Alptraum in Imola schon vorher vertrieben hat, schauen fragend und ängst-

Mit mehr als 300 km/h fährt Sennas Williams in der Tamburello-Kurve geradeaus und zerschellt an der Mauer...

Wie ein Gummiball wird das Wrack zurückgeschleudert. Berger kann im Ferrari nur mit Mühe ausweichen...

Senna sitzt bewußtlos in seinem Williams-Wrack. Teile der rechten Radaufhängung haben ihn schwer verletzt.

lich: Neues von Senna? Tot? Nein, das ist völlig ausgeschlossen!

Im Flugzeug bringt mir eine Stewardeß die „Welt am Sonntag" mit Sennas Kolumne: „Für

Bestätigung des Unfaßlichen

das heutige Rennen bin ich sowieso optimistisch", schreibt er da und auch, wie bestürzt ihn der Unfall Roland Ratzenbergers gemacht habe. Abends dann die zweifelsfreie Bestätigung des Unfaßlichen, erst im Autoradio, dann im Fernsehen, das einem erbarmungslos die Abläufe jener fatalen Sekunden ins Gedächtnis hämmert, wieder und wieder, auch wenn sich alles dagegen aufbäumt.

Am nächsten Morgen habe ich's auch schwarz auf weiß, in unterkühlter Sachlichkeit in der Tageszeitung, reißerisch vermarktet in der Boulevardpresse, voll dröhnender Bestürzung.

Vor dem Hintergrund der Geschehnisse von gestern sind diese Sätze von grausamer Ironie, einer fast unerträglichen Doppelbödigkeit. So gesehen, wird das Sterben Ayrton Sennas zur Parabel vom menschlichen Dasein überhaupt: Welche Arroganz steckt in jeder Aussage über morgen, ja eigentlich schon in dem banalen Vorgang der Zeitmessung, in jedem belanglos hingeworfenen: „Er ist gleich wieder hier."

Langsam erst wird es deutlich, was so viele Jahre ohne tödliche Stürze in der Formel 1 fast ins Vergessen geriet: Der

Senna wird in die Maggiore-Klinik von Bologna geflogen. Er liegt im Koma, muß künstlich beatmet werden. Um 18.40 Uhr wird sein Tod von den Ärzten offiziell bestätigt.

Fassungslos reagiert McLaren-Boß Ron Dennis, als er während des Rennens erfährt, daß Senna keine Überlebenschance hat. Senna gewann alle drei WM-Titel mit McLaren.

Chronik eines schwarzen Wochenendes

Großer Preis von San Marino, Imola

Freitag, 29. April 1994

Im ersten Qualifikationstraining schießt Jordan-Pilot Rubens Barrichello mit 220 km/h auf die Variante Bassa zu. Er kann die Kurve nicht nehmen, fliegt über einen Reifenstapel und wird von einem Fangzaun zurückgeworfen. Nach einem Überschlag bleibt der zertrümmerte Wagen kopfüber liegen. Barrichello ist bewußtlos. Aber bereits nach wenigen Minuten kommt er wieder zu sich. Er wird zur Beobachtung ins Maggiore-Krankenhaus gebracht, am Samstag wieder entlassen. Am Rennen nimmt er nicht teil.

Samstag, 30. April 1994

13.18 Der Österreicher Roland Ratzenberger (31) in seiner zweiten Runde im Abschlußtraining. Laut TV-Aufzeichnung reißt hinter der Tamburello-Kurve der obere Teil des linken Frontflügels ab. Der Pilot kann aufgrund des verlorenen Anpressdrucks den Simtek-Ford nicht in die Villeneuve-Rechtsbiegung einlenken. Der Wagen schlägt mit ca. 300 km/h links gegen die Betonmauer, schlittert bis zur Tosa-Kurve. Roland Ratzenberger wird im Medical-Centre im Fahrerlager wiederbelebt. Bei seiner Einlieferung ins Maggiore-Hospital ist er tot. Todes-Ursache: Schwerste Kopf-und Rückgratverletzungen.

Sonntag, 1. Mai 1994

14.00 Start. JJ Lehto (Benetton) bleibt stehen. Pedro Lamy (Lotus) erkennt das Hindernis zu spät, fährt mit voller Wucht auf. Die rechten Räder von Lamys Wagen werden abgerissen. Eines fliegt über das Tribünendach, das andere springt über einen Zaun in die Zuschauer. Neun Menschen werden getroffen.

14.01 Für vier Runden geht das Safety-Car auf die Strecke; das Rennen wird neutralisiert. Es darf nicht überholt werden.

14.17 In der sechsten Runde rast der führende Ayrton Senna mit 320 km/h in der Tamburello-Kurve geradeaus. Sein Wagen zerschellt ungebremst an der Betonwand. Er schleudert zurück an den Pistenrand. Der Pilot hängt bewußtlos im Cockpit.

14.19 Mehrere Ärzte bergen den Schwerstverletzten, der im Koma liegt. Er hat offensichtliche, extreme Kopfverletzungen.

14.33 Der Rettungshubschrauber bringt den bewußtlosen Rennfahrer in das Maggiore-Hospital von Bologna.

14.52 Das Rennen wird erneut gestartet.

In der 48. Runde löst sich beim Verlassen der Boxengasse ein Hinterrad vom Minardi des Italieners Michele Alboreto. Es trifft mit Wucht vier Mechaniker. Einer wird schwer verletzt ins Krankenhaus gebracht.

18.40 Das Herz Ayrton Sennas hört auf zu schlagen. Die Ärzte erklären ihn für tot.

Roland Ratzenberger, der erste Tote von Imola

Der Österreicher wurde am 4. Juli 1962 in Salzburg geboren, lernte Maschinenschlosser. 1983 fuhr er erste Rennen in der Formel Ford, wurde 1985 Deutscher, Österreichischer und Europa-Meister. Seit 1986 war er in England und in Japan sehr erfolgreich in den Formeln 3 und 3000 sowie auf BMW-Tourenwagen: In 185 Rennen 33 Siege. Für zunächst fünf Rennen bekam er 1994 einen Platz im Simtek-Ford des F1-Neulings Nick Wirth, in dessen Team auch David Brabham einen Vertrag hatte. Davids Vater, der dreifache Weltmeister Jack Brabham, war ebenso Gründer des Teams wie der Deutsche Konrad Schmidt. Schmidts Firma SMS rüstete u.a. die Werk-Audis der DTM aus. Ratzenberger konnte sich beim GP 1994 in Brasilien nicht qualifizieren. Beim GP von Aida wurde er Elfter. Er war ledig und wohnte in Monte Carlo.

Mensch da draußen, scheinbar so sicher eingepanzert in seinem Kokon aus Kohlefaser, mit dem Rest der Welt vernetzt durch Telemetrie und Intercom, ein immer kleinerer Teil eines immer größeren Organismus, ist verletzlich und verwundbar wie eh und je, selbst Senna.

Es folgen in den nächsten Tagen die gewohnten Rituale, jene emsige Kosmetik am Irreparablen, die das Gewissen einlullt, aber noch nie jemand wieder zum Leben erweckt hat. Die Staatsanwaltschaft wird eingeschaltet, wie in Italien stets in diesen Fällen, nur sonst in Monza, wegen Graf Trips 1961 zum Beispiel, wegen Jochen Rindt 1970, wegen Ronnie Peterson 1978. In gemessenen Abständen erfahren wir die Ergebnisse der Recherche: Senna sei nicht durch den Aufprall auf die nackte Betonwand am Rande der Tamburello-Kurve erschlagen worden, sondern durch ein Element der eigenen Radaufhängung.

Die Ursachenforschung indes verliert sich im Nebel der Spekulation. Am wahrscheinlichsten noch, abgestützt durch Michael Schumachers Augenzeugenbericht: daß die Reifen des

Reifen an Luftdruck verloren

Williams während der langsamen Runden hinter dem Pace Car an Betriebstemperatur und damit an Luftdruck verloren hätten und der Wagen deshalb aufgesetzt habe. Fragwürdiger schon: daß die Aufhängung schon vor dem Start beschädigt gewesen sei; es gebe einen Film, der dies belege. Ein rührendes Märchen endlich: Senna habe sich in den Untergang gestürzt, um seinen Mythos vor dem andrängenden Schumacher für immer zu bewahren.

Fieberhafter Aktionismus folgt, überhastete und nicht zu Ende gedachte Maßnahmen der FIA, diesen Sport sicherer zu machen, der doch seinen Reiz

Überhastete Maßnahmen der FIA

aus dem Risiko bezieht und das Scheitern im Umgang mit diesem immer in sich schließt.

Aber auch Bewegendes kommt zutage. Was er gewesen sei, läßt sich Alain Prost vernehmen, sei er erst durch Senna geworden, und dieser habe ihm kurz vor seinem Tode gestanden, er empfinde ganz ähnlich.

Zu der persönlichen Betroffenheit hat sich längst ein universales Echo gesellt, ein globales Nachbeben gewissermaßen, das der Schwere des Verlusts erst die richtigen Ausmaße gibt, nirgends indessen schmerzlicher als in Brasilien. Eine Nation ist in Tränen: Am 5. Mai, dem Tage von Sennas Beerdigung, säumen fast eine Million Menschen in São Paulo die Route von den Assembleis Legislativa zum Morumbi-Friedhof, wo er, der ewig Unruhige, zur Ruhe gebettet wird, im Sektor sieben, Block fünfzehn, Grab elf, Sennas letzter Anschrift.

Kollegen wie Alain Prost, Emerson und Christian Fittipaldi, Rubens Barrichello, Gerhard Berger und Damon Hill tragen abwechselnd den Sarg, blaß und am Rande der Fassung. Eine Kunstflugstaffel malt ein Herz

Das letzte Geleit: Mit versteinerten Mie und Gerhard Berger (v.l.n.r.) den Sar

en Emerson Fittipaldi, Alain Prost, Roberto Moreno, Derek Warwick, Damon Hill, Michele Alboreto
en Ruhestätte. Auf dem Morumbi-Friedhof wird Ayrton Senna in einem schlichten Grab beigesetzt.

in den Himmel mit einem S darin als Zeichen dafür, man werde sich das Andenken an den Toten im Herzen bewahren. Präsident Itamar Franco verkündet drei Tage Staatstrauer. Minuten vor dem Begräbnis nimmt sich das Mädchen Zuleica Costa Rose das Leben, eine 16jährige aus Curitiba. In ihrem Abschiedsbrief schreibt sie, sie sei auf dem Wege zu Senna, zum Wiedersehen im Jenseits.

Kein Wunder: Im Brasilien der vergangenen zehn Jahre, ge-

Brasiliens Präsident verkündet eine dreitägige Staatstrauer. Sennas Tod stürzt eine ganze Nation i zung säumen Hunderttausende die Straßen von der Innenstadt zum Friedhof, Millionen verfolger

demütigt und gebeutelt durch eine astronomische Inflationsrate, Korruption, Drogenhandel und stetig wachsende Brutalität im Umgang miteinander, war Ayrton Senna da Silva eine Lichtgestalt, eine Identifikations- und Kultfigur, an der man seine Träume festmachen konnte, durch die Allgegenwart des Mediums Fernsehen vertraut wie die nächsten Angehörigen.

„Sonntags vormittags, alle vierzehn Tage, siegte Senna in unseren Wohnzimmern", schreibt ein brasilianischer Kommentator, „am Vormittag des ersten Mai starb er dort vor unser aller Augen."

Auch hierzulande beherrscht der Tod des Mannes mit dem

e Betroffenheit. Am Tag der Beiset-
-Übertragung an den Bildschirmen.

Unfaßbares Schicksal: Die Brasilianerin Adriana Gallisteu nimmt Abschied von ihrem Verlobten Ayrton Senna.

gelben Helm in den ersten Tagen das Gespräch, hat jeder etwas beizutragen, nur anders, europäisch-unterkühlt und voller Distanz zu dem Exoten aus dem fernen Südamerika. Der Tenor: Er wußte ja um die Gefahr, handelte sein Berufsrisiko ein gegen Millionen, und nun hat halt das Schicksal den Wechsel eingelöst. In der Tat: er habe, so heißt es, Geld und Geldeswert in Höhe von einer halben Milliarde Mark hinterlassen.

Aber so einfach geht die Rechnung nicht auf. Natürlich war die konkrete Möglichkeit seines Todes mit einbegriffen im Kaufpreis für das Glück, Ayrton Senna zu sein. Er hatte es uns so leicht gemacht, das zu vergessen.

Er wollte nicht starten

Burkhard Nuppeney übersetzte Ayrton Sennas Kolumne in der Welt am Sonntag. Er erinnert sich an seine letzte Begegnung mit ihm - Stunden vor dem Tod.

Samstag Nachmittag, Imola. Roland Ratzenberger war mit dem Simtek in die Wand gefahren. Ayrton kam von der Strecke zurück. Er hatte sich die Unfallstelle angesehen, sich bei den Streckenposten und den Ärzten informiert. Es sah schlecht aus um Roland. Ayrtons Gesicht war bleich, seine Haut wächsern, seine Augen sehr müde. Die Falten um seinen Mund noch tiefer als sonst.

Zwei Tage vorher hatten wir noch über mögliche, schwere Unfälle in dieser Saison gesprochen. Ich bin Autor der Welt am Sonntag, war dort für Ayrtons GP-Kolumne zuständig. Er war die Woche vor dem Imola-Grand-Prix in Paris. Er mochte die Stadt und besuchte das Fußballspiel Paris St. Germain gegen die brasilianische Nationalmannschaft. „Es gab nur ein müdes Unentschieden", sagte er. Dann ging er wie immer, wenn er mit Freunden zusammen war, spät zum Essen und genoß den Abend.

Irgendwie schien er zuversichtlich, kampfbereit: „In Imola sieht es für Williams besser aus als bei den vorangegangenen Rennen. Ich kann dort von der Mehrleistung des Renault-Motors profitieren."

Ich hatte nicht das Gefühl, daß Ayrton besonders unter Leistungsdruck stehen würde, oder daß er unsicher war wegen des großen Punktevorsprungs von Schumacher. Trotzdem fragte ich nach. Seine Antwort: „Nein, wirklich nicht, ich mache mir keine Sorgen."

Danach sprach er über seinen Terminkalender, über seine Reisepläne, gab mir sein Programm für die nächste Zeit: „Von Paris gehe ich nach Porto in mein Haus. Dort möchte ich so lange wie möglich bleiben, werde nur zwischendurch nach Imola fliegen. Ich möchte so spät wie möglich nach Monte Carlo." Senna, mit sechs Siegen Rekordhalter in dem Fürstentum, mochte den Ort seiner größten Triumphe überhaupt nicht. „Zuviel Beton, zu laut, zuviel Trubel, zuviel Schnick-Schnack."

Was Ayrton mehr beschäftigte, war schon nach dem GP von

Viele unerfahrene Fahrer

Brasilien die Technik der neuen Autos, dazu noch die Neubesetzung des Fahrerfeldes 1994. „Beides macht mir Sorgen, weil es die Formel 1 gefährlicher macht als sonst: zuviele junge, unerfahrene Piloten. Und mit der passiven Aufhängung sowie den schmalen Reifen ist mein Williams wirklich schwer zu fahren. Zum Teil wird das auch auf die anderen Autos zutreffen."

Er wählte seine Worte wie immer mit aller Vorsicht. Ayrton war fair in seiner Aussage, wollte seinem Team nicht weh tun. Aber Thierry Boutsen, einem Ex-Formel-1-Rennfahrer, den er mochte und dem er deshalb vertraute, hatte er gebeichtet: „Die Autos sind 1994 durch das neue Reglement brandgefährlich. Da mußt du dir wirklich überlegen, ob du einsteigst." Der Ratzenberger-Unfall, das wurde mir klar, als ich Ayrton am Samstag Nachmittag in Imola sah, war nur eine brutale, traurige Bestätigung seiner Einschätzung.

Es war manchmal nicht einfach, mit ihm zu sprechen, speziell in einer solch extremen Situation. Ayrton war ohnehin sehr empfindlich und introvertiert. Er war leicht verletzbar. Auf der Rennstrecke ging er meistens auf totale Distanz. Er lachte selten. Diese Kälte sollte lästige Frager abwehren. Die Distanz, so Ayrton, habe ihm seine Schwester Viviane empfohlen, „damit ich als Ayrton, so wie ich bin, überleben kann. Denn als ich in die Formel 1 kam, habe ich Erfahrungen gemacht, die mich verletzt haben. Stell dir vor, ich kam aus dem Kreis meiner Familie, liebe Menschen, voller Gefühl, vorsichtig fast. Die Formel 1, das war wie Krieg dagegen."

Viviane, Psychologin und, wie seine Mutter, eine gläubige Christin, habe ihm deshalb gera-

Ayrton Senna stand unter Erfolgsdr

…r er war sicher, Michael Schumachers Vorsprung (20:0) einzuholen.

ten, sein Visier nach außen zu schließen. „Und so", sagte Ayrton, „kam ich zu meinem zweiten Gesicht."

Und er war schüchtern. Bei meinem ersten langen Senna-Interview, wir machten es beim Monaco-Grand-Prix 1985, blickte mir Ayrton während des Gesprächs nie ins Gesicht. Es hat mich irritiert, später habe ich mich daran gewöhnt. Er hat diese Angewohnheit, ein Zeichen von Unsicherheit, nie abgelegt.

Ein unantastbares Thema war für ihn sein Glauben. Ich hatte ihn Anfang des Jahres darauf angesprochen. Warum er vor jedem Rennen bete und warum er immer die Bibel in seinem Reisegepäck habe. Ist es ein Dank an Gott - oder eine Bitte um Schutz?

„Ich möchte nicht darüber reden, es ist kein Thema zwischen Tür und Angel", sagte er und schaute mich zum erstenmal in einem Interview sehr lange und sehr offen an.

In Imola war er sehr schweigsam, starrte meistens in eine imaginäre Ferne. „Ratzenberger hatte keine Chance", sagte er mit seiner ruhigen Stimme: „Imola ist sehr schnell und das fast überall. Mein Auto ist hier wieder sehr nervös. Wir haben zwar Fortschritte gemacht. Aber unser Problem, daß der Wagen sehr unruhig ist, das haben wir noch nicht im Griff."

Er schluckte, fuhr nach einer Pause fort: „Das ist gerade hier in Imola unangenehm. Das Rennen wird eine lebensgefährliche Sache. Ich gebe zu, ich fühle eine gewisse Ohnmacht, wenn ich daran denke, daß wir hier morgen starten." Er blickte an mir vorbei, so wie damals 1985 in Monte Carlo. Jetzt in Imola spürte ich sie wieder, diese Unsicherheit. Diesmal nicht, weil er schüchtern war. Er war unsicher, weil er die neue Technik noch nicht im Griff hatte.

Er hatte mir einmal bei einem Abendessen erzählt: „Ich versuche immer, auch wenn das nicht so erkennbar ist, mir beim Fahren eine winzige Ausweichmöglichkeit zu schaffen, ein geringes Reaktionspolster, eine Art persönlichen Sicherheitsbereich, wie ein Schlupfloch, um einen schweren Unfall abzuwenden." In Imola wurde mir klar, daß er wußte: Wenn er den Grand Prix gegen Schumacher gewinnen wollte, konnte er dieses Schlupfloch nicht mehr in Anspruch nehmen. Er mußte sein Risiko vergrößern.

Es war mir klar, daß ihn das beunruhigte. Ayrton machte sich eindeutig Sorgen und ich war mir sicher, als ich mich von ihm verabschiedete, daß er daran dachte, einfach nicht zu starten.

Allein das war für einen Mann wie Ayrton schon eine ungeheuerliche Überlegung: Ein Rennen nicht zu fahren? Das Rennen stand für ihn über allem. In Ungarn hatte ich

Jede Woche zweimal verliebt

ihn im August 1993 auf seine Freundin Adriane angesprochen, auf die neue Liebe in seinem Leben. „Ich bin jede Woche zweimal verliebt", sagte er spontan. „In meinen Rennwagen und mein Ersatzauto."

Nur dort fühlte sich Ayrton Senna wirklich verpflichtet. Verpflichtet, der Beste zu sein. Das wollte, das mußte er sich in Imola beweisen.

Es wurde viel spekuliert über die Ursache des Unfalls. Man wird sie, wie bei anderen Formel-1-Unfällen der Vergangenheit, nie ganz sicher herausfinden. Man wird nur Möglichkeiten nennen.

Vielleicht war es wirklich so, daß er über einen Splitter gefahren ist, der vom Startunfall auf der Strecke geblieben ist? Vielleicht gab es einen schleichenden Plattfuß. Aber nur bei seinem Wagen?

Manche Experten sagen: Bei der hohen Geschwindigkeit, bei den Kräften, die in den Kurven auf den Fahrer einwirken, kann es zum Platzen einer Gehirnader kommen. Zu einem Sekunden-Blackout.

War Ayrton Senna, der Schnellste, das erste Opfer einer neuen Formel-1-Krankheit? War er vor dem Aufschlag bewußtlos? Es hätte etwas Tröstendes für viele.

1981 Entspannung nach dem Sieg: Ayrton Senna als Champion der Formel Ford 1600 in England.

1982 Britischer Formel-Ford-2000-Sieger

1986 Pole-König und zwei Siege

Stationen eines Gesichtes

1990 Rache an Prost und zweiter Titel

Der Wandel vom jungenhaften Formel-Ford-Meister zum genialen Formel-1-Piloten. Vierzehn Momente im Leben des Rennfahrers Ayrton Senna, aufgenommen in vierzehn Jahren Motorsportkarriere. Der Eindruck der Unbekümmertheit der ersten Jahre ist schnell aus dem Gesicht gewichen. Stattdessen prägen schon früh tiefe Falten das Erscheinungsbild Sennas. Sie spiegeln die Anstrengungen wider, seine Fähigkeit, sich nur auf das eine zu konzentrieren, das für ihn zählt: Der Sieg.

1992 Chancenlos gegen Mansells Williams

1983 Zufrieden: Champion der Formel 3

1984 Einstieg in die F 1 - für Toleman

1985 Wechsel zu Lotus: Rang 4 in der WM

1987 Lotus kann ihn nicht mehr halten

1988 Am Ziel: WM-Titel mit McLaren

1989 Gutes Jahr mit bösem Ende

1991 Magic Senna zum drittenmal Champ

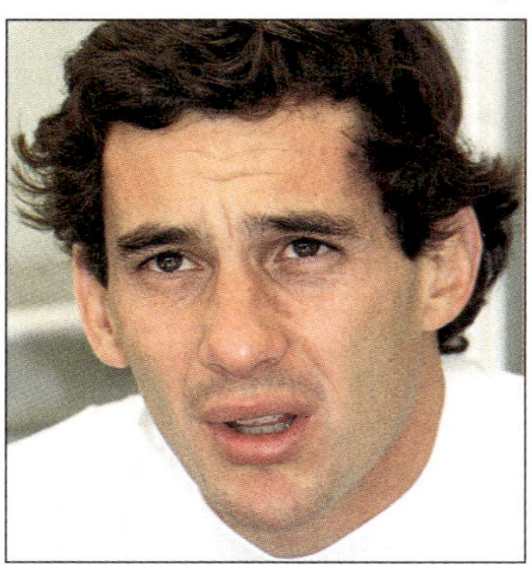

1993 Millionenpoker - sauer auf Dennis

1994 Saisonstart ohne Fortune - aber voller Hoffnung: Der beste Fahrer im besten Team der Formel 1

Warnschüsse des Schicksals

Ayrton Senna fuhr seine Rennen hochkonzentriert, sicher, wie auf Schienen. Aber dennoch endete jedes siebte Rennen mit einem Unfall oder Dreher. Er vertraute stets den Wagen - und Gott.

Von Achim Schlang

Als Ayrton Senna seine erste Formel-1-Saison bestreitet, liegt der letzte tödliche Unfall während eines GP-Wochenendes beinahe zwei Jahre zurück. Friedliche Zeiten scheinen angebrochen zu sein. Unermüdlich wird die Sicherheit des Formel-1-Sports verbessert. Die Schattenseite dieser Entwicklung: Die Disziplin der Piloten leidet dramatisch. Weil die Verletzungsgefahr gering ist, lassen die Fahrer immer häufiger in brisanten Situationen fünf gerade sein - das Kohlefaser-Monocoque und die Leitplanken werden's schon richten...

24 (!) Mal - bei insgesamt 161 Starts - scheidet Senna aus, weil er sich dreht, mit einem Kontrahenten kollidiert oder von der Piste abkommt. Dieser Wert entspricht circa 15 Prozent! Die Zahl spricht Bände, denn Senna ist kein Rauhbein. Er fährt extrem konzentriert auf einem Level, von dem nahezu alle Gegner nur träumen können. 1991 spricht er in Japan über seine Empfindungen während der Fahrt: „Jede Faser meines Körpers ist sensibilisiert, der

Der Geruch der Bremsen

Kopf arbeitet, wie in keiner anderen Situation. Ich kann Wiesen am Pistenrand, den Kies der Auslaufzonen und den Asphalt riechen. Auch den Geruch der Bremsen, wenn ich bei hohem Tempo aufs Pedal steige, nehme ich wahr. Ich höre die Motordrehzahl so exakt, daß ich die Cockpitanzeige eigentlich gar nicht brauche. Jede Vibration des Autos nehmen die Sensoren des Körpers auf. Alle Informationen dieser Art laufen zeitgleich im Kopf zusammen, und doch kann ich sie auseinanderhalten, verstehen und individuell interpretieren. Es ist ein unglaubliches, faszinierendes Gefühl - du wirst ein Teil des Ganzen."

Senna weiß um seine Perfektion, aber er verschließt seine Augen nicht vor der eigenen Unfallbilanz. Wenn sogar er durchschnittlich zweimal pro Saison während der Rennen durch Unfälle strandet, dann existieren objektive Gefahren. Aber er sagt auch: „Ich sehe die Formel 1 mit ihren Schwierigkeiten und Frustrationen auf der einen Seite, sowie den guten, den positiven Dingen auf der

Überschlag bei 260 km/h. Völlig unverletzt wird Ayrton Senna 1991 neben der Rennpiste von Mexiko unter dem McLaren hervor gezogen. Er gibt zu: „Es war ein Fahrfehler."

anderen als Ganzes. Bisher überwogen die positiven Dinge. So lange es so bleibt, bin ich mit dem Herzen, dem Verstand und der Seele Rennfahrer."

Mehr als nur einmal fliegt er wirklich böse ab. Bereits der zehnte Formel-1-Einsatz endet mit einer Beinahe-Katastrophe. Im Training fährt der Brasilianer auf dem Hockenheimring die neuntschnellste Zeit. Schnell arbeitet sich der Toleman mit Startnummer 19 auf Rang fünf vor, dann - zum Ende der fünften Runde - taucht er nicht mehr bei Start-und-Ziel auf. Bei Topspeed brach draußen im Wald der Heckflügel seines Rennwagens. „Von einer Sekunde auf die andere", sagt er später im Fahrerlager, „hatte ich keinen Anpreßdruck . Es ist zum Heulen." Senna ist keineswegs geschockt - Senna ist enttäuscht. Das Schicksal wählt Tempo und Einschlagwinkel so, daß der Bolide beschädigt wird, ohne dem Piloten ein Haar zu krümmen.

Seine achte Formel-1-Saison bringt den Südamerikaner auf und neben der Piste gleich dreimal in äußerst kritische Situationen. Mexiko 1991: Senna trägt einen kleinen Kopfverband. Beim Jet-Ski ist er gestürzt. Im Wasser treibend, rauschte ihm dann ein anderer Jet-Ski-Fahrer über den Schädel! Der Zehn-Zentimeter-Schnitt muß mit 13 Stichen genäht werden. Senna versucht, dem Unfall einen positiven Aspekt abzugewinnen: „Zum Glück fuhr er mir nicht durchs Gesicht..." Im Training verliert er seinen McLaren bei 260 km/h in der leicht überhöhten Peralta-Kurve auf einer Bodenwelle aus der Kontrolle. Kopfüber bleibt der Bolide im Kies stehen, und der Brasilianer krabbelt unverletzt aus dem Cockpit.

„Zum Glück fuhr er mir nicht durchs Gesicht."

Ein Fahrfehler habe den Crash ausgelöst, gesteht er und kann schon wieder scherzen: „Eigentlich war es reine Absicht. Ich wollte checken, ob der Adrenalin-Ausstoß funktioniert."

Seine Beschreibung des Unfalls ist beeindruckend: „Als ich nichts mehr tun konnte, nahm ich sofort die Hände vom Lenkrad und spannte die gesamte Muskulatur an, um so die Verletzungsgefahr zu minimieren. Vor dem Aufprall schloß ich die Augen."

Nie wird es eine Antwort auf die Frage geben, was sich am 1. Mai 1994 ausgangs der Tamburello in Sennas Cockpit abspielte. Vermutlich bereitete er sich, während er seinen Williams verzweifelt von gut 300 auf 210 km/h abbremste, ebenso professionell auf den Aufprall gegen die Betonmauer vor...

Ereignisse wie seine Mexiko-Unfälle - im folgenden Jahr knallte er in der alten Aztekenstadt extrem unsanft gegen die

„Niemand darf sich in diesem Sport leichtsinnig verhalten."

Leitplanken - lassen sein Sicherheitsbewußtsein wachsen. Es ist nicht so, daß er nur aus aktuellem Anlaß über die lauernden Gefahren spricht. Auch Beinah-Unfälle lassen ihn auf die Barrikaden gehen. Als Nelson Piquet 1990 in Jerez während des Trainings langsam fahrend die Ideallinie blockiert, schimpft er: „Verdammt, so eine Aktion kann Verletzte oder Tote fordern. Niemand darf sich in diesem Sport leichtsinnig verhalten."

Senna sorgt sich allerdings längst nicht mehr nur um die eigene Gesundheit. Zunehmend fühlt er sich mitverantwortlich, wenn es um die allgemeine Sicherheit geht. Ob 1988 nach Mauricio Gugelmins Lufteinlage in Le Castellet, bei Martin Donnellys schwerem Unfall 1990 in Spanien oder kurz vor seinem Tod in Imola: Ayrton Senna

Anregungen, die Sicherheit zu verbessern

kümmert sich intensiv um die gestürzten Kollegen. Er bemüht sich, die Unfallursachen zu ergründen und gibt Anregungen, die Sicherheit am Pistenrand zu verbessern. Zwei Tage vor seinem Todessturz inspiziert er Minuten nach dem Zwischenfall die Stelle, wo Rubens Barrichello vehement in die Pistenbegrenzung geschleudert wurde. Anschließend besucht er den Freund in der Pisten-Klinik. 24 Stunden später recherchiert er dort, wo sich Roland Ratzenberger tödliche Verletzungen zuzog. Dabei verstößt er gegen die Paragraphen und handelt sich eine Rüge der Rennleitung ein, aber das kümmert Senna vor dem ernsten Hintergrund der Ereignisse gar nicht.

Vier Stunden vor seinem Tod wird Senna ein letztes Mal in puncto Sicherheit aktiv: Gemeinsam mit Michele Alboreto und Michael Schumacher organisiert er auf Anregung Niki Laudas ein Fahrer-Meeting, das in Monaco abgehalten werden soll. Die Piloten treffen sich tatsächlich und reorganisieren die „Fahrergewerkschaft" GPDA - acht Tage nach Sennas Staatsbegräbnis.

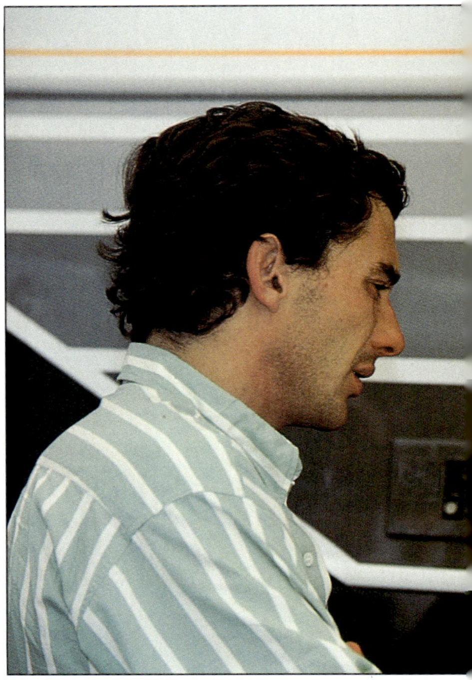

FIA-Rennarzt Prof. Watkins war sich
sondern sicherere Strecken. Am 1. Ma

Das Cockpit von Sennas Todeswagen
der Fahrerzelle zogen die F-1-Piloten

na einig: Keine technische Abrüstung, Watkins Senna aus den Trümmern.

ezu unversehrt - aus der Sicherheit luß der Unverletzbarkeit.

1993 verunglückt er in Monte Carlo an jener Stelle, die 1994 beinahe Karl Wendlinger zum Verhängnis wird - der Hafen-Schikane. Alberto Ascari und Paul Hawkins stürzten hier ins Wasser, Lorenzo Bandini 1967 leider nicht... Senna verletzt sich den linken Daumen, kommt damit praktisch ungeschoren davon. Dieser Unfall macht wie zahllose andere deutlich: Die Fahrer brauchen kein Glück, um spektakuläre Unfälle mit heiler Haut zu überstehen. Pech dürfen sie allerdings auch nicht haben, denn wenn einige unglückliche Faktoren zeitgleich zusammentreffen, gibt es keine Rettung. Darin unterscheidet sich die Formel 1 nicht von allen anderen menschlichen Aktivitäten.

1991, Senna wird nur noch drei Jahre leben, wird es nicht nur in den Gewässern des Südatlantik beim Jet-Ski-Fahren und auf der mexikanischen Piste für Ayrton Senna brenzlig: Zum Abschluß dreitägiger Testfahrten auf dem Hockenheimring platzt ihm bei deutlich mehr als 300 km/h vor der ersten Schikane der linke Hinterreifen. Wie oft sich der McLaren hoch in der Luft überschlägt, weiß der Brasilianer anschließend nicht mehr. Sennas Boxen-Crew reagiert auf das Ausbleiben des Stars mit bösesten - aber glücklicherweise unbegründeten - Vorahnungen, denn alle Funkrufe bleiben unbeantwortet. Als ihn ein „Suchtrupp" erreicht, hat sich Senna bereits selbst aus dem Cockpit befreien können.

Vorahnungen der Boxen-Crew

Neben dem Wissen um die Stabilität der Kohlefaser-Konstruktionen und die Qualität der Überrollbügel vertraut Senna auch auf jene höhere Instanz, die sein Weltbild prägt. Als er während einer Qualifikationsrunde in Spa-Francorchamps mit Vollgas in eine undurchsichtige Staubwolke - aufgewirbelt durch einen Kontrahenten - jagt, braucht es für diesen Blindflug tatsächlich eine gewaltige Portion Gottvertrauen.

Wie einer der zahlreichen Warnschüsse des Schicksals wirkt zunächst auch sein verhängnisvoller Crash am 1. Mai 1994. Das Monocoque hält dem Aufprall stand. Ex-Formel-1-Fahrer John Watson macht sich beim Anblick des Williams auf den TV-Monitoren keinerlei Sorgen. „Sicherlich", so spekuliert er, „wartet er auf Rennarzt Professor Watkins. Vielleicht tut ihm irgendetwas weh." Tatsächlich tut ihm nichts mehr weh - der große Champion liegt im Sterben.

Nur scheinbar haben die Sicherheitssysteme wieder einmal voll funktioniert. Nur wenige Zentimeter entschieden über Tod oder Leben: Der Zufall will es, daß eine der filigranen Metallstreben der rechten Vorderradaufhängung für Sekundenbruchteile wie ein Geschoß durch das Helmvisier schlägt. Als Ayrton Sennas Rennwagen zum Stand kommt, springt das Rad mit der tödlichen Waffe kaum beachtet über den Asphalt...

Er liebte seine Nation. Bei den Siegerehrungen (hier 1993 in Sao Paulo) war es unübersehbar. Es war eine Liebe auf Gegenseitigkeit. Kein Brasilianer wurde mehr vom Volk verehrt.

Hilfe für Kinder in Brasilien

Von Willy Knupp

Es ist erst nach seinem Tod so richtig bekanntgeworden, was Ayrton Senna für die Kinder seines Landes getan hat. Er wollte nie, daß es an die große Glocke gehängt wird. Weil er es pervers fand, die Not anderer Menschen für die eigene Popularität auszunutzen. Viele Millionen soll er gespendet haben, außerdem sind Hilfsorganisationen Nutznießer seiner Lebensversicherungen. Die wirkliche Höhe der Summen soll, so hat er verfügt, nie genannt werden.

Brasilien ist nicht mit den Maßstäben Deutschlands zu messen. Das Land wird von Krisen, Korruptionsskandalen und einer galoppierenden Inflation geschüttelt. Ayrton Senna hat versucht, einer großen Zahl von Kindern in Brasilien eine Zukunft zu geben, Hoffnung und Starthilfe.

Der Familienzusammenhalt, erzählte er mir einmal, ist in Brasilien sehr eng. Deshalb ist es wichtig, daß den Kindern im Umfeld ihrer Familien geholfen wird. Die von ihm unterstützten Organisationen sorgen dafür, daß die Kinder eine Schulausbildung bekommen und an einen Beruf herangeführt werden. Mit Geldspenden allein sind die Probleme nicht zu lösen, den Kindern muß eine Basis geschaffen werden, damit sie eines Tages für sich und ihre künftigen Familien sorgen können.

Wir sprachen darüber, als RTL beim Großen Preis von Deutschland 1992 eine ähnliche Hilfsaktion unterstützte. Die deutsche Benefiz-Organisation „Kinder in Brasilien" hilft in der beschriebenen Weise Kindern aus den Armenvierteln des Landes, die sonst kaum eine Chance hätten. Die brasilianischen Formel-1-Fahrer Ayrton Senna, Nelson Piquet, Mauricio Gugelmin und Roberto Moreno stellten ihre Helme für eine Versteigerung zur Verfügung.

Ayrton Senna zeigte von Anfang an ein ausgesprochen großes Engagement für die deutsche Aktion. Er ließ sich die Namen der Leute nennen, die in Brasilien die zu 100 Prozent weitergeleiteten Gelder in die richtigen Kanäle bringen. Und er wurde der Motor der RTL-Versteigerungsaktion.

Über 125.000 Mark kamen zusammen. Die Helme gewann Harry Thode aus Thingsberg. Ayrton Senna nahm beim Großen Preis von Italien 1992 persönlich den Scheck in Empfang und leitete ihn an die Aktion weiter. Erst nach seinem Tode haben wir erfahren, daß er einen eigenen Scheck hinzugelegt hat - unter der Bedingung der Geheimhaltung.

Spendenkonto „Kinder in Brasilien":
580 00 40 Commerzbank Frankfurt
(BLZ 500 400 00)

RTL-Motorsportexperte Willy Knupp übergibt Ayrton Senna 1992 beim Großen Preis von Italien einen Scheck über 125.110 Mark für die deutsche Hilfsaktion „Kinder in Brasilien".

Ayrton Senna, der Geschäftsmann: Im Herbst 1993 unterschreibt er in Ingolstadt einen Vertrag mit Audi: Er wird brasilianischer Generalimporteur der deutschen Marke.

Das Senna-Imperium

Er war ein nervenstarker Rennfahrer. Und ein cooler Geschäftsmann. Aber er dachte auch an die, die ohne Chance sind.

Von Christoph Schulte

Der kriechende, penetrant süßlich nach Bio-Benzin stinkende Autoverkehr der monströsen 17 Millionen-Menschen-Metropole São Paulo ist kein Thema, wenn man einen eigenen Hubschrauber hat. Und er ist erst recht kein Thema, wenn einem zu diesem Hubschrauber auch noch ein eigener Landeplatz inmitten dieser Betonwüste gehört.

Ayrton Senna hatte diesen Hubschrauber und er hatte diesen Landeplatz. Und er hatte beides dort, wo es ein brasilianischer Geschäftsmann am besten gebrauchen konnte. Hoch oben, auf dem Dach eines 16-stöckigen Bürohauses.

Wann immer sein dichtgedrängter Terminplan als Rennfahrer es erlaubte, ließ Senna sich im Büro blicken. Der Chef kam von oben. Alle anderen mußten - und müssen - Parterre anfangen. Vorbei an bewaffneten Safety-Guards, die mißtrauisch beäugen, ob man an der Rezeption im modern gestylten Foyer auch wirklich seinen Passierschein bekommt.

Wer vorgelassen wird, begegnet Senna auf Schritt und Tritt. Mal der gelbe Helm, der so lange ein Symbol fürs Gewinnen war, mal ein Foto des Champs, und wohin man auch sieht, von der Eingangstür bis zur kleinsten Kaffeetasse das Firmenlogo, das berühmte Senna-„S".

Hier, Rua Doutor Olávo Egidio Nummer 287 hatte Ayrton Senna über sieben Etagen seine Geschäfts- und Machtzentrale angesiedelt. Eine Zentrale, die nur ein Ziel kannte: Aus dem vielen Geld, daß der Chef unter Einsatz seines Lebens an den Rennstrecken der Welt einfuhr, aus diesem vielen Geld noch mehr zu machen.

Als Senna 1993 endlich bei seinem Traumteam Williams unterschrieben hatte, wußte er, daß er nicht nur das beste Team auf seine Seite gezogen hatte. Er wußte auch, daß er für diese Saison den höchstdotierten Vertrag der Formel-1-Branche in der Tasche hatte: Dem als geizig verschrieenen Briten Frank Williams war es 23 Millionen Dollar wert, daß die absolute Nummer 1 endlich bei ihm festmachte.

Von Haus aus hätte der Sohn eines Millionärs nie arbeiten müssen. Es gab einen anderen Grund, warum Senna es nicht lassen konnte, immer mehr, immer höhere Gagen zu fordern. Senna brauchte diese Rekordsummen für sein Ego als Fahrer. Es ging um die Bestätigung eines Rennfahrers jenseits von

In der Formel 1 bestimmt Geld den Fahrerwert

Stoppuhren und Punktetabellen: „In der Formel 1 bestimmt Geld den Wert eines Fahrers, und deshalb ist es ein gutes Gefühl für mich, zu wissen, daß ich hoch bezahlt werde. Die Höhe einer Gage zeigt, wieviel Vertrauen in mich gesetzt wird."

Daß selbst der harte Geschäftsmann Senna einen verspielten Kern hatte, zeigte sich, als einmal die Vertragsverhandlungen mit seinem Ex-Team-Chef Ron Dennis wegen 500.000 Dollar zu scheitern drohten. Beide einigten sich darauf, ein Geldstück zu werfen: Zahl für Senna, Kopf für Dennis.

Der Penny rollte hinter den Vorhang. Als Senna und Dennis auf allen Vieren kriechend das Tuch zur Seite schoben, sah Dennis erleichtert den Kopf seiner Queen: „Auf meine Königin kann ich mich verlassen." Senna soll daraufhin ernstlich über eine Monarchie in Brasilien nachgedacht haben...

Keiner konnte so hart um die Gage feilschen wie der brasilianische Multimillionär. Dabei sah er seinen Reichtum durchaus ambivalent: „Was ich tue und was ich verdiene verschafft mir natürlich einen angenehmen Lebensstil. Ich habe ein Flugzeug, mehrere Häuser. Aber Reichtum ist relativ. Der Unterschied, ob man eine oder 100 Millionen Dollar verdient, ist, daß man für die 100 Millionen mehr Zeit und mehr Mitarbeiter braucht."

Die Zahl der Mitarbeiter in seiner brasilianischen Geschäftszentrale ist genau zu nennen: 25 Angestellte arbeiten in São Paulo für Ayrton Senna, weitere 50 kommen weltweit hinzu. Sie sind rund um die Erde für die Firmen mit dem roten, dynamisch geschwungenen „S" im Einsatz.

Das Senna-Imperium stützt sich auf zwei Hauptsäulen. Die zu Lebzeiten Sennas wichtigste Sektion war die kaufmännische Abteilung. Sie kümmert sich um die Verträge Sennas und um die Buchhaltung, die angesichts der weltweiten Aktivitäten sehr umfangreich ist. An ihrer Spitze steht Sennas Vetter Fabio Machado.

Aus deutscher Sicht geriet dieses Unternehmenssegment besonders ins Rampenlicht, als Ende 1993 von der Audi AG bekanntgegeben wurde, daß Ayrton Senna in Brasilien als Importeur für den Automobilhersteller agieren werde. Außerdem ist es Aufgabe der „Ayrton Senna Promoções e Empeerendimentos" sich um die über 350 Fanclubs in aller Welt zu kümmern.

Die andere Säule, auf der das Senna-Imperium ruht, ist die Lizenzabteilung. Sie untersteht Sennas Bruder Leonardo. Diese Abteilung weiß, was sie dem Namen des toten Konzernchefs schuldig war und ist: Das Senna-„S" darf nur auf Produkte

Die da-Silva-Brothers: Ayrton ließ das Imperium von seinem Bruder Leonardo leiten.

der ersten Güteklasse. Je exklusiver und je mehr High-Tech, umso besser. Gesucht werden keine Billigheimer für die schnellen Cruzeiros, sondern kongeniale Partner, die dem guten Image des dreifachen Weltmeisters entsprechen.

Ein positives Beispiel sind die Senna-Motor-Yachten „417" mit zwei 435-PS-Motoren zum Stückpreis von 250.000 Dollar

Schlüsselpositionen für Familienangehörige

Angestrebtes Umsatzziel: Vier Boote pro Monat. Anfang der Saison 1994 folgten Senna-Mountain-Bikes. Hinzukommen sollten Senna-Motorräder, Senna-Jet-Ski und Senna-Uhren. „Hauptsache," so Leonardo Senna ganz konsequent, „alles paßt auch wirklich zum Image." Geplant war sogar die Konstruktion eines hochklassigen Autos unter dem Senna-Logo.

Auffallend ist, daß Senna die Schlüsselpositionen seines Reiches mit Familienangehörigen besetzt hatte. Selbst Vater Milton da Silva, als Berater meistens im Hintergrund, war ab und an im Fahrerlager zu sehen. Nämlich immer dann, wenn die Vertragsverhandlungen mit den Formel-1-Teams in die heiße Phase gingen.

Für Ayrton Senna, war es eine existentielle Frage, die Familie einzubinden: „Ich kann nur mit Leuten arbeiten, auf die ich mich hundertprozentig verlassen kann. Die finde ich am besten in meiner Familie."

Der Reichtum, den sich das 34jährige Formel-1-Genie eingefahren hatte, sprengte die Vorstellungen normaler Menschen. Allein die 850-Quadratmeter-Villa am Strand von Angra dos Reis mit Pool im 250 Quadratmeter Wohnzimmer. Die Luxus-Appartments in São Paulos Nobelviertel Jardims und Monacos Fontvieille. Die Strandvilla im portugiesischen Faro. Und die Farm bei Tatuí, 160 Kilometer nordwestlich von São Paulo entfernt, mit eigener Kart-Strecke und einem See, der groß genug zum Wasser- und Jet-Skifahren ist.

All das war zu Sennas Lebzeiten mehr oder weniger bekannt. Nicht auf Fotos zu sehen war hingegen die andere Seite des harten und erfolgreichen Business-Man Ayrton Senna. Sie wurde erst nach seinem Tode jäh bekannt.

Wer sich in Rio und São Paulo auskennt, versteht ganz schnell, was Senna bewegte. Inmitten der Nobelviertel plötzlich Slums, die gefürchteten Favelas, Krüppel, die betteln, Kinder, die am Straßenrand vegetieren, Not und Elend überall.

„Ich allein kann die Welt nicht verändern," pflegte Senna auf die Verhältnisse in seinem

Millionenbeträge für brasilianische Straßenkinder

Mutterland angesprochen, zu sagen. Was wie eine lästige Entschuldigung fürs große Unterlassen klang, war vielmehr eine schüchterne Aufforderung, mitzuhelfen. Ohne es jemals an die große Glocke zu hängen, stiftete der Geschäftsmann Senna Millionenbeträge für die brasilianischen Straßenkinder und für Projekte gegen Arbeitslosigkeit.

War das der Grund, warum ganz Brasilien nach der Todesnachricht des Helden in tiefe Trauer und Verzweiflung geriet? Konnte Sennas Anteilnahme an den Problemen seines Landes erklären, daß seine Beerdigung

Die Hauptverwaltung des Senna-Imperiums in São Paulo - mit Hubschrauberlandeplatz auf dem Dach.

die größte und bewegenste in der Geschichte Brasilien wurde?

Nicht alleine. Denn Senna war viel mehr für die Brasilianer und ihren Nationalstolz. Über seine Mildtätigkeit und seine Sporterfolge hinaus war Senna eine Lichtgestalt. Hoffnungsträger für ein Meer von Entrechteten, sozial Deklassierten, Unterdrückten. In Anbetracht von Massenarmut, Politikerkorruption und einer monatlichen Inflation von 45 Prozent gibt es nicht viel, an dem sich eine verwundete Volksseele aufrichten kann. An Senna konnte sie es.

Wer das alles nicht nur weiß, sondern auch erfühlt, kann Sennas Bedeutung für Brasilien nachempfinden. Mag das Land auch in Korruption und Elend versinken, wenigstens einer aus Brasilien hat es geschafft, in der Welt der Reichen und der Erfolgreichen seinen Platz zu er obern. Und als er erfolgreich war, hatte er sein Land nicht vergessen: Die brasilianische Flagge nach jedem Sieg auf der Ehrenrunde stolz von Senna aus dem Cockpit gehalten, war die Reverenz eines großen Sportlers und eines erfolgreichen Geschäftsmannes an eine arme und leidgeprüfte Nation...

Ayrton Senna war nicht nur auf der Strecke sondern auch im Geschäftsleben Perfektionist. Nichts überließ er dem Zufall, nicht einmal seinen Tod. Weil er die Risiken seines Sportes kannte, versicherte er sich bei Lloyd's in London. Nach Sennas brutalem Ende an der Betonmauer in Imola mußte das Unternehmen nach ersten Schätzungen etwa 27 Millionen Mark an die Hinterbliebenen des toten Super-Stars zahlen. Die höchste Summe, die je für den Unfalltod eines Sportlers ausgezahlt wurde. Ein Teil dieser Summe kommt den Projekten zugute, die Senna zu Lebzeiten unterstützte - vor allem, um Kindern eine bessere Zukunft zu ermöglichen.

Ayrton Senna hatte sich die Früchte seines Könnens und den daraus resultierenden Reichtum einmal so vorgestellt: „Das Ziel meines Reichtums? Eines Tages laß ich mir alles Schein für Schein auszahlen. Und dann will ich nur noch im Einklang mit der Natur leben."

Was aus dem Senna-Imperium wird? Zunächst einmal läuft alles weiter wie bisher. Marketing-Experten gehen sogar davon aus, daß sich das Senna-Logo in den nächsten Jahren noch erfolgreicher vermarkten läßt.

Die Firmen von Ayrton Senna

Das Kopfunternehmen ist die Holding „Senna Promoções e Empeerendimentos" Von ihr werden u.a. folgende Unternehmen geleitet:

- Importeur AUDI für Brasilien.
- Großhändler für Ford.
- Produktion und Vertrieb von Luxusyachten.
- Produktion und Vertrieb von Karts unter dem Namen „Senna".
- Joint Venture mit dem italienischen Haushaltsgeräte-Hersteller De'Longhi (Produktion und Handel für Brasilien).
- Lizenzagentur, die den Namen Senna und das rote „S" vermarktet.
- Import italienischer Fahrräder und Motorräder, die in Brasilien unter dem Namen „Senna" verkauft werden.
- Lizenzagentur für die Vermarktung des Comics „Senninha" mit dem jungen Senna als Hauptfigur.

Senninha – gezeichnete Legende

Beim ersten Grand Prix des Jahres 94, in seiner Heimatstadt São Paulo, ließ Ayrton Senna den angereisten Journalisten ein neues Comic-Heft in die Hände drücken: SENNINHA - auf deutsch etwa „Klein-Senna".
Er hat die Figur selber mit entwickelt. Senninha ist ein kleiner Junge, der Spaß an allem hat, was sich auf Rädern schnell bewegt – vom Rollschuh bis zur Seifenkiste. Die Geschichten im Heft sind teilweise spaßig, teilweise belehrend. Und die Figur hat eine gewisse Ähnlichkeit mit dem Rennfahrer.

Die Hefte sollen in regelmäßigen Abständen erscheinen. Neben der brasilianischen Ausgabe werden auch Lizenzen in andere Länder verkauft. Japan ist der erste Interessent.
In Senninha wird Ayrton Senna weiterleben – eine gezeichnete Legende.

Das rote Senna-S soll ein Markenzeichen für hochwertige Waren im Sport- und Automobilbereich bleiben. Die Lizenzen werden auch nach dem Tod Ayrtons weiterverkauft.

Ankerpunkt seines Lebens war für Ayrton Senna die Familie - darin war er ein typischer Brasilian
General Motors. Außerdem besitzt er mehrere Tausend Hektar Land. Links auf dem Foto am heimisch

…er Milton da Silva ist Besitzer eines Betriebes der Autozuliefer-Industrie, beliefert unter anderem
…l Mutter Neide und Ayrtons Bruder Leonardo. Seine Schwester Viviane fehlt.

Pilot Senna: Ähnlich wie Niki Lauda war auch der Brasilianer ein begeisterter Pilot. Er besaß einen eigenen Lear-Jet, einen Hubschrauber - und die einschlägigen Lizenzen.

Eines seiner fünf Anwesen: Die Strandvilla in Angra dos Reis nahe Rio de Janeiro mit bescheidener Yacht. Ayrton Senna baute unter seinem Namen eigene Luxusboote.

Die Familie gab ihm Halt: Cousin Fabio Machado ist kaufmännischer Berater. Schwester Viviane, eine Psychologin, hatte stets ein offenes Ohr für Ayrtons häufig angeschabte Seele.

Und der Himmel hing voller Geigen: Mit dem Fotomodell Adriana Gallisteu genoß Ayrton ein kurzes Glück. Ihr gestand er am Vorabend seines Todes: „Ich habe kein gutes Gefühl."

Philosophie eines Rennfahrers

Von Christoph Schulte

Ayrton Senna war kein einfacher Gesprächspartner. Man mußte genau zuhören, wenn er philosophierte. Und nichts regte ihn mehr auf als Menschen, die nicht über die Ziellinie hinaus dachten.

Es sind immer wiederkehrende Floskeln, die Rennfahrer auf ihren Pressekonferenzen von sich geben. Zum Beispiel: „Das Chassis war perfekt, der Motor ging wunderbar, die Reifen bauten zum Ende des Rennens etwas ab." Oder auch: „Ich danke meinem Team für die hervorragende Arbeit." Und nicht zu vergessen: „Ich bin stolz und dankbar, für ...", jetzt wird wahlweise der Name des Teams, des Sponsors, des Förderers genannt, „fahren zu dürfen."

Ayrton Senna war ein Vollprofi, und deshalb hatte er sie auch drauf, diese Leerhülsen der modernen Rennfahrer-Kommunikation. Doch Senna konnte, im Gegensatz zu vielen seiner Kollegen, auch anders. In bedächtigem, eher leisem Redefluß formulierte der dreifache Weltmeister immer wieder unverhofft Gedanken, deren Horizont weit hinter der Start- und Ziellinie lag.

Senna war im Gespräch, wie auf der Rennstrecke, um Präzision bemüht. Was er sagen wollte, wollte er auf den Punkt bringen. Seine Ansichten waren differenziert, weit weg von irgendwelcher Schwarzweißmalerei. Seine Erläuterungen bedurften deshalb einiger Zeit. Und Zuhörer, die der Subtilität von Sennas Gedankenführung gewachsen waren.

Wie konnte sich Senna aufregen, wenn er einem Journalisten Einblick in seinen tiefen Glauben an Gott gab, nur um wenig später die fette Schlagzeile „Senna will Prediger werden" lesen zu müssen.

Was die wenigsten an Senna begriffen, war, daß er im eigentlichen Sinne mehr RENN-Fahrer als Formel-1-Fahrer war. Nur brauchte er die Extreme dieses Sports, um seine ganze Perfektion zeigen zu können. Das virtuose Fahrer-Genie Senna war auf das Instrument Formel 1 angewiesen. Das wußte Senna, und daraus wuchs eine Art Haßliebe zur Königsklasse. Der Formel 1 als Ganzem stand Senna mehr als kritisch gegenüber, ablehnend, manchmal fast feindlich. „Es macht mir natürlich Spaß, Auto zu fahren. Aber es existiert zu viel Druck, um das richtig zu genießen. Wegen des Teams, der Sponsoren, des Publikums, des eigenen Engagements kann man sich einfach keine Fehler mehr erlauben. Das schmälert logischerweise das Vergnügen an der Sache."

„Es existiert zuviel Druck."

Wer an dieser Stelle nicht locker ließ, wer hier weiterfragte, bekam von Senna eine überraschend ehrliche Antwort: „Die Welt, die mich erwartet, wenn ich aus dem Auto aussteige, sie langweilt mich. Die Box, die Boxengasse, das ganze Drumherum, alles langweilt mich ganz schrecklich. Alles nur Streß. All die Diskussionen, die Dispute mit anderen Leuten, anderen Fahrern. Es gibt leider keine Alternative dazu."

Harte Worte von einem, der über zehn Jahre Formel 1 fuhr und der keinen Gedanken ans Aufgeben verschwendete - zumindest nicht öffentlich. Aber Senna konnte auch ganz anders reden - vor allem, wenn er nicht über den Formel-1-Zirkus sprach, sondern vom Spaß am Fahren: „Das Rennfahren ist unglaublich sinnlich. Ich kann den Boden riechen, egal ob Sand, Wiese oder Asphalt. Die Bremsen, wenn ich am Ende einer Geraden hart draufsteige. Ich höre den Klang des Motors und spüre alle Vibrationen rund um mich. Und, was erstaunlich ist: Ich kann all diese Eindrücke und Geräusche, die gleichzeitig passieren, voneinander trennen und sie wieder einzeln zurückrufen."

41 Siege, 80mal auf dem „Treppchen" bei 161 Grand-Prix-Starts, waren das Ergebnis dieser Sinnlichkeit. Doch fast noch aussagekräftiger sind, wenn es um Sennas Verhältnis zum Fahren geht, seine 65 Pole-Positions.

Das Training stellte ihm die ultimative Aufgabe. Keine Taktik, keine Stallorder, kein Haushalten mit dem Material, stattdessen nur die schiere Geschwindigkeit, die endgültige Grenze, das Absolute: „Man steigt in sein Auto und dann heißt es alles oder nichts. Das ist eine phantastische Herausforderung, und es ist das Größte, was man sich vorstellen kann. Alles konzentriert sich auf diese eine Runde, und manchmal hat man an besonderen Stellen lange den Atem angehalten, nur um voll am Limit zu fahren. In einem Rennen geht es nie soweit. Dort ist man wegen der Länge eines Rennens nie in der Lage, das Potential zu 100 Prozent auszuschöpfen. Aber in der Trainingsrunde, in der einen entscheidenden, da schafft es das Auto, der Motor, die Reifen und der Fahrer. In diesem Moment gibt es nur dich und die Maschine. Sonst nichts." So schwelgen Puristen.

Genau das war für die Fans das Faszinierende an Senna. Der Extremist ließ keinen Platz für ein „vielleicht" und „hätte er doch" oder „möglicherweise".

Das fahrerisch Endgültige

Wenn sich der Fahrer mit dem gelben Helm zu seiner Qualifikationsrunde aufmachte, wußten alle an der Strecke und vor den Fernsehern, daß nun das fahrerisch Endgültige demonstriert werden würde. In einer Form, die Senna wie bei einem Trainingslauf zum Großen Preis von Monaco selber erschrecken konnte: „Ich bin wie in Trance in eine neue Dimension hineingefahren. Es war so ein Gefühl, als ob ich mich in einem Tunnel befände, in dem ich immer schneller wurde. Und tatsächlich wurden meine Rundenzeiten immer schneller: Zuerst eine, dann eineinhalb, dann zwei Sekunden... Es war plötzlich eine andere Art von Bewußtsein. Über diesen Gedanken bin ich regelrecht erschrocken. Es war, als wäre ich plötzlich wach geworden."

Senna gehörte zu den ganz wenigen Fahrern, die der Ansicht waren, auch im körperlichen Sinne süchtig nach ihrem Sport zu sein: „Man ist aufgeregt, man ist völlig angespannt, man spürt die ganze Breite der

Wieviel Begeisterung, wieviel Verehrung kann ein Mensch verkraft

menschlichen Emotionen. Und dabei produziert der Körper alle möglichen Substanzen, bei denen es sich, wie im Fall des Adrenalin, um körpereigene Drogen handelt."

Doch den wahren Senna machte nicht seine Obsession aus, der Name Senna wurde erst

Senna war berechnend

zum Synonym für Erfolg durch seinen Fleiß und seine harte Arbeit. Rennfahrer sein, das hieß für Senna immer, „alles völlig auf die Sache abstellen, kein anderer Gedanke darf stören, ich werde von meiner Aufgabe völlig absorbiert".

Er gab unumwunden zu: „Ich bin derart berechnend, daß ich während eines Grand Prix nicht nur daran denke, als erster ins Ziel zu kommen. Mir geht auch durch den Kopf, was für ein Echo ein Sieg in Brasilien, in den Medien oder bei den Sponsoren auslösen möge."

Berechnend war Senna. Doch im Gegensatz zu seinem Edel-

seine Fans war er Vorbild, Idol, Gott.

konkurrenten Alain Prost war Senna kein Statistiker, keiner, der Siege, schnellste Runden und WM-Titel nur wegen der hohen Geschichtsschreibung anstrebte. „Selbst wenn ich wie Fangio fünfmal Weltmeister werden sollte, wird das Fangios Bedeutung in der Rennsportgeschichte nichts anhaben können. Für mich sind Titel und Rekorde nur ein Ereignis von erfolgreicher Arbeit."

Wenn es jemals einen Fahrer gab, auf den das Sprichwort „Der Weg ist das Ziel" paßte, dann war es Senna: „Es geht nicht mehr um den bloßen Titelgewinn. Es geht vielmehr um das Wie. Wie man einen Titel gewinnt. Das Wichtige ist der Weg dorthin. Was man selber und das Team im Laufe einer Saison geleistet haben. Das ist das Erlebnis. Der Titel ist nur die Konsequenz."

Und dabei versuchte er den Blick für die Zukunft, für das „danach" nicht zu verlieren. Senna brauchte das Gefühl, alles oder zumindest das meiste richtig gemacht zu haben, als eine Art Altersversicherung:

„Wenn ich in fünf oder zehn Jahren zurücktrete, wenn ich verheiratet bin und Kinder habe, dann will ich zufrieden in alten Formel-1-Büchern blättern können. Und diese Zufriedenheit wird sich nicht an profanen Rekordlisten messen lassen."

Wer diesen Mann, der sich selbst „einen fürchterlichen Perfektionisten" nannte, als einen tumben „workaholic" bezeichnete, einen, der gar nichts anderes konnte, lag falsch. Was Senna machte, machte er total, ohne Abstriche, hingebungsvoll. Das galt auch für das Leben abseits der Rennstrecke. „Es ist bei mir immer das gleiche: Wenn ich einen Monat Urlaub gemacht habe, will ich noch einen zweiten machen. Habe ich einen zweiten, will ich auch gerne einen dritten. Ich halte es für gut, im Winter so weit wie möglich von der Rennfahrerei wegzubleiben. Für mich ist das jedesmal wie eine Kur. Wenn ich dann im Frühjahr wieder mit meiner Arbeit beginne, fühle ich mich frisch und total entspannt."

Wie sehr Senna dieses Aufladen seiner Batterien brauchte, konnte jeder zum Ende einer Saison beobachten. Dann wirkte Senna ausgelaugt, abgespannt. Senna hatte wieder alles gegeben, nichts zurückbehalten.

Dieser „burn-out" war die logische Konsequenz einer Erkenntnis, die den Unterschied zwischen Normal-Menschen und Extrem-Sportlern definiert: „Vielleicht weil der Tod immer so nahe ist, habe ich in der Formel 1 im Vergleich zu einem Normalberuf eine zehnmal höhere Lebensintensität."

Risiko gleich Intensität, Intensität gleich Risiko. Wie immer man die Gleichung auch betrachtet, sie funktionierte für Ayrton Senna nur in einer Art Dreisatz mit seinem Glauben zu Gott: „Ich nehme das, was in der Bibel steht, Wort für Wort ernst, und ich versuche, durch Gott das Leben zu begreifen. Seit meiner Kindheit bin ich der Gefahr ausgesetzt. Trotzdem verletzte ich mich nie, erlitt keinen einzigen ernsthaften Unfall. Das ist Gottes Segen."

Der Name A-YR-TON

Seine ganze Karriere lang hatte Ayrton Probleme damit, daß sein Name falsch ausgesprochen wurde. Noch in Adelaide, bei seiner letzten Pressekonferenz 1993, versuchte er den Interviewer Jackie Stewart lächelnd zu belehren: „Bitte, sage doch ‚A-ihr-ton' zu mir..."!
Hoffnungslos: Er war „Eierton" bei den Deutschen, „Ärten" bei den Engländern, „Erton" bei den Franzosen, „Ajatonn" bei den Japanern.

Er war ein besessener Rennfahrer. Aber er liebte auch das Leben, er machte Späße, er konnte lachen. Be

ziellen Fototermin zur Saisoneröffnung 1991 in Phoenix veralberte Ayrton Senna die Fotografen.

Sennas Helme

Bereits während seiner Kart-Zeit entwarf der brasilianische Stardesigner Sid (Sao Paulo) einen Helm für Ayrton Senna. Dabei griff er ausschließlich auf die Farben der Nationalfahne zurück: Gelb, grün und dunkelblau. Ayrton Senna blieb dem Design treu. Auf 160 WM-Läufen schützte der Helm den Kopf sicher. Beim 161. zerbarst er unter dem Torpedoschuß einer zerbrochenen Radaufhängung...

1985

Die brasilianische Bank Nacional ist 1985 in Sennas zweiter Formel-1-Saison persönlicher Sponsor immer eine Kappe mit dem „Nacional"-Schriftzug auf, wenn er fotografiert wurde. Wie zehn Jahre

1994

nnfahrers geworden. Dreimal steht der Name auf dem Helm, außerdem setzte Ayrton Senna fast
iter auf seiner letzten Fahrt steht auch 1985 der Schriftzug von Renault und Elf auf dem Visier.

Der Unbeschriebene

Der Ur-Helm. Sponsoren gibt es noch nicht - Senna fährt bis zum 20. Lebensjahr in Brasilien Kartrennen. Erfolgreich zwar, aber fast unter Ausschluß der Öffentlichkeit.

Der Erste

1984: Ayrton Senna hat bei Toleman - dem späteren Benetton-Team - seinen ersten Formel-1-Vertrag unterschrieben. Schon damals setzt ein Tabaksponsor auf ihn.

Der Berühmteste

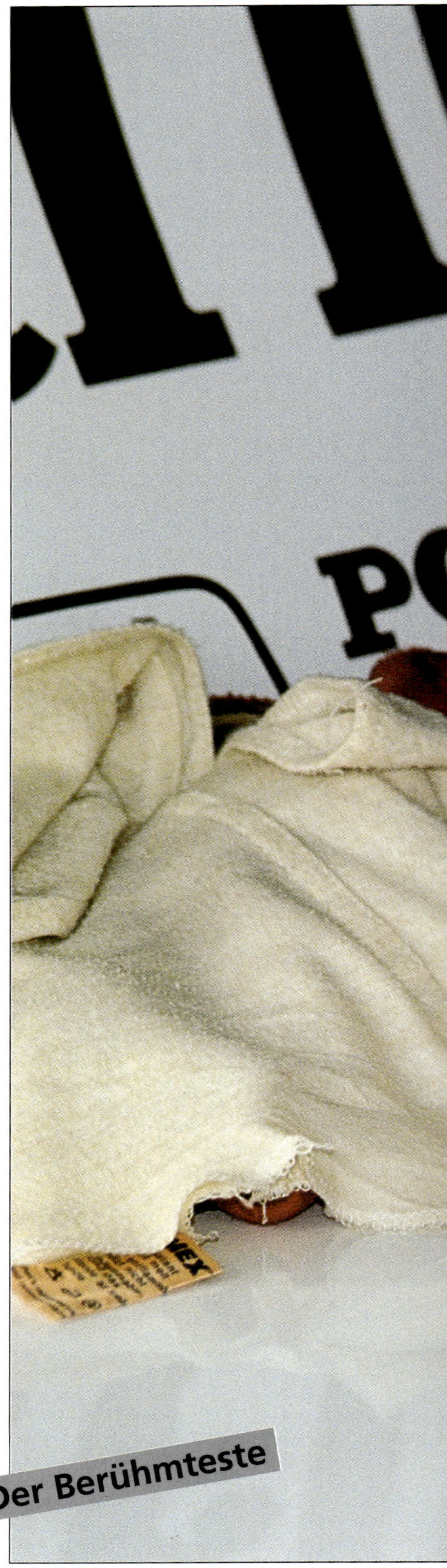

Der Helm 1990, im Jahr seines zweit
Nacional, Honda und Marlboro. Mit c
rote Handschuhe und die Balaclava,

-Titels. Von 1988 bis 1993, den Jahren im McLaren-Team, trägt der Helm die gleichen Aufkleber:
gewinnt Ayrton Senna drei Weltmeisterschaften und zwei Vizetitel. Neben dem Helm Sennas
euerschutz unter dem Helm getragen wird.

Sein größter Rivale unter den jungen Fahrern wurde seit 1992 (Foto) Michael Schumacher. 1994 rech